BAYERISCHE
SCHMANKERL-
KÜCHE

Bayerische Schmankerl-Küche

VON PAUL ENGHOFER

SÜDWEST VERLAG MÜNCHEN

Die Rezepte sind für vier Personen gerechnet.
Wenn Rezepte für mehr oder weniger Esser gedacht sind,
so ist es extra angegeben. Für Nichtbayern sei noch vermerkt,
daß ein Pfund 500 Gramm hat.
Wir wissen zwar,
daß diese Mengenangabe nicht mehr modern ist,
aber in Bayern wird sie nicht umzubringen sein.

Zeichnungen von Ernst Hürlimann
Farbbilder von Christian Teubner

© 1975 by Südwest Verlag GmbH & Co. KG, München
Alle Rechte vorbehalten
ISBN 3 517 00518 5
Schutzumschlag: Manfred Metzger (Foto Teubner)
Gesamtherstellung: Welsermühl, Wels

Inhalt

Kleine Vorrede ...

Dieses Buch hat einen Taufpaten. In Bayern sagt man: einen Göd. Das Patenbitten fand im einstigen »Casino« des Bayerischen Fernseh-Studios in Freimann statt, einer vornehmen Bretterbude. Da hockte ich einmal im Herbst 1971 ganz allein an einem ein Quadratmeter »großen« Ecktisch und machte Brotzeit aus dem Pergamentpapierl. Ein selbstg'machtes Geräuchertes wickelte ich aus und legte einen Kanten Bauernbrot daneben. Der Kellner Egon – eine Freimanner Institution – kam gleich mit einem Butterwürfel, einem Küchenmesser und einer Salzschüssel daher, als er merkte, daß ich ein Trumm Radi aus der Joppentasche zog (wie man einen Rettich schneidet siehe Seite 122 f.). Zuerst weinte der Radi, dann am liebsten ich. Nie hätte ich geglaubt, daß ich so viele norddeutsche Neider im Fernsehgelände hätte. Immerhin waren sie höflich, fragten sogar: »Darf ich mal?«, aber bis ich mir als Bajuware »nein« hätte sagen trauen dürfen, war nichts mehr da vom Radi. Das Schwanzl erwischte dann noch ein Freund aus der Oberpfalz, und aus war es mit dem Radi.

Aber jetzt zur Sache mit dem Göd, dem Paten. Er kam in Gestalt des leitenden Abendschau-Sportredakteurs mit dem Bemerken, daß es hier gut röche an meinem Tisch, probierte das G'selchte und das würzige Bauernbrot und blieb sitzen. Nach einer Stunde und etlichen Halben hatte ich ihm so viel von den kulinarischen Köstlichkeiten meiner Rottaler Heimat vorgeschwärmt, daß allmählich die Idee für eine Sendereihe über bayerische Spezialitäten Gestalt annahm. Den Namen hatten wir schnell: Schmankerlküche. Peter Zimmermann, jetzt mein Göd, schlug das Thema in der Redaktionssitzung vor, es wurde angenommen, und seither sind schon viele Folgen der »Abendschau-Schmankerlküche« über den Münchner Sender gegangen. Obwohl nur im bayerischen Bereich ausgestrahlt, kamen jedesmal über zehntausend Zuschriften mit Rezeptwünschen. Bald war ich der meistgehaßte Mitarbeiter bei den Sekretärinnen, die die Briefe beantworten mußten. So kam es ...

... zu diesem Buch

Es ist kein Kochbuch im Sinn von »Ich lehr' dich kochen«, sondern eine lockere Sammlung bayerischer Rezepte, Spezialitäten
aus der Praxis, wie ich sie im Fernsehen gezeigt habe. Ich selbst
habe dabei nicht gekocht, sondern nur zugeschaut und »den Fall
notiert«. Die Rezepte dieses Buches stammen ausnahmslos von
Mitarbeitern der »Abendschau-Schmankerlküche«, also von
Bäuerinnen, Hausfrauen, Wirtinnen, Köchinnen (und Pfarrers-
köchinnen), Metzgern, Konditoren und Küchenmeistern. Sogar
»Maîtres de Rotisseur« gehören zu meiner »Kundschaft«. Sie
haben mir aber noch weitaus mehr Rezepte verraten, als im Fernsehen gezeigt wurden. Ich danke allen diesen »Verrätern«, insbe-
sondere aber der mir befreundeten Frau Erna Horn, die dieses
Buch freundlich überprüft und mit Ergänzungen nicht gespart hat.
So soll diese Rezeptsammlung eine erinnerungsträchtige Culina-
ria bayerischer Herkunft darstellen. In diesem Sinne wünscht
Ihnen viel Spaß und gutes Gelingen

Pfarrkirchen, im Mai 1975   *Ihr Paul Enghofer*

Suppen

Der Suppenkaspar war kein Bayer

Die Geschichte vom Suppenkaspar hätte sich nie in Bayern ab-
spielen können. Erstens hätte die Mutter dem Kaspar sofort eine
geschmiert für sein antiautoritäres »Ich esse meine Suppe nicht«,
zweitens hätte der Kaspar gar keinen Grund gehabt zum Aufbe-
gehren. Denn eine bayerische Hausfrau und Mutter setzt ihrem
Buben keine solche Brühe vor, daß er in den Hungerstreik treten
muß. Heutzutage schon gleich gar nicht mehr.
Bei uns waren die Suppen schon immer nicht nur eine sättigende
Notwendigkeit, sondern eine raffinierte Köstlichkeit. Man hatte
immer eine gute Fleischbrühe, und zum andern ganz besonders
feine Einlagen, die zwar viel Arbeit, aber auch Hochgenuß
brachten. Diese Nockerl, Knödel, Panadel, die Pavesen, Schö-
berl und Spatzle sind schon eine eigene Kochkunst für sich.
Großen Wert legte man auch auf eine starke, fette Rindssuppe,
und die bekam man dadurch, daß Fleisch und Knochen kalt zugesetzt wurden, so daß alle Kraft in die Brühe ging. Das Suppen-
fleisch selbst wurde bloß noch zu zweitrangigen Speisen wie Salat oder Füllungen hergenommen oder zu Kleinspeisen wie etwa
Pf(l)anzl verwendet.
Suppen sind in Bayern nicht nur der Anfang eines Essens, sondern eine ganz eigenständige Besonderheit. Ausnahmen bestäti-
gen die Regel.

Suppe aus Rindsknochen

Selbst der ungläubigste Bayer, der von Gott und der Kirche
nichts wissen will, kennt dennoch zumindest einen Glaubens-
satz, und der heißt: »Ich glaube, daß zwei Pfund Rindfleisch und
drei Pfund Boaner (Knochen) eine gute Suppe geben!« Nun, das
braucht man gar nicht zu glauben, das ist eine Tatsache.
Aber daß man nur aus Knochen eine herrliche Suppe zaubern
kann, das wissen vor allem die Hotelköche in großen Häusern,
die ja sonst bald täglich einen halben Ochsen auskochen müßten,
um ihren Bedarf an Fleischbrühe zu decken. Sie haben also ihr

Rezept für die gute Suppe aus Knochen, das man natürlich auch im kleinen Haushalt anwenden kann. Eine solche Suppe ist zwar nicht ganz so kräftig wie eine Fleischbrühe, aber das kann man ja durch entsprechende Einlagen wieder ausgleichen.

Rindsknochen	*Petersilkraut*
Suppengrün	*Muskat*
Pfefferkörner	*Salz*

Man läßt sich vom Metzger Rindsknochen kleinhacken (wenn Markknochen dabei sind, um so besser), gibt sie in kochendes Wasser, rührt kräftig durch und läßt noch einmal aufkochen. Dieses Kochwasser wird weggeschüttet, die Knochen werden in einem Sieb aufgefangen und noch abgebraust. Das war sozusagen die Reinigungsphase.

Im Tiegel setzt man sie nun in so viel kaltem Wasser zu, wie man Suppe braucht. In jedem Fall müssen die Knochen von der Flüssigkeit bedeckt sein. Nach dem Aufkochen setzt sich oben eine braune Schicht ab; diese wird abgeschäumt. Nun läßt man zwei bis drei Stunden leise weiterkochen; das Suppengrün und einige Pfefferkörner werden erst im letzten Drittel der Kochzeit dazugegeben. Dann seiht man die Suppe durch ein Passiertuch (feines Sieb), in das man ein Sträußel Petersilie und ein wenig geriebene Muskatnuß getan hat, und schmeckt mit Salz und sonstiger Würze nach Belieben ab.

Bayrische Milzschnittelsuppe (6 Personen)

100 g Kalbs- oder Rindsmilz	*Majoran*
1 Zwiebel, kleingewürfelt	*etwas geriebene Zitronen-*
1 Sträußel Petersilie	*schale*
50 g Semmelbrösel	*dünne Brotscheiben*
5 Eßlöffel Rahm	*(Weiß- oder Schwarzbrot)*
1 Ei	*100 g Butter oder Margarine*
Salz, Pfeffer	*Schnittlauch*

Die meiste Arbeit bereitet wohl das Ausschaben der Milz, die man ja zwischen zwei Flachsen bekommt, aber das läßt sich nun einmal nicht umgehen. Es geht leichter, wenn man sie vorher fest mit einem Gewicht klopft. Dann röstet man in der Pfanne die kleingewürfelte Zwiebel an und läßt zum Schluß noch gehackte Petersilie mit anschwitzen. In einer Schüssel wird nun aus Semmelbröseln, Rahm und einem Ei ein Teig gerührt und mit Salz, Pfeffer, Majoran und etwas geriebener Zitronenschale gewürzt. Dann gibt man die Milz und den Inhalt der Pfanne hinzu und bereitet daraus eine streichfähige Masse.

Damit bestreicht man eine sehr dünne Scheibe Brot etwa einen halben Zentimeter dick, legt eine zweite Schnitte darauf, drückt leicht an und bäckt nun die so gewonnenen Doppelscheiben (eigentlich sind es Milz-Pavesen) in heißem Fett schön goldbraun heraus. Dann schneidet man sie nach leichtem Erkalten in kleine Karos, Würfel oder Rauten und richtet sie, mit Schnittlauch bestreut, in heißer Fleischbrühe an.

Altmühltaler Butterknödelsuppe

150 g Butter	Messerspitze Majoran
4 Eier	kleine Prise Muskat
Salz, Pfeffer	Semmelbrösel

Diese Suppe war am 8. Dezember 1974 die Attraktion beim »1. Oberpfälzer Schmankerlprobiertag« im Gasthof Aenderl in Töging im Altmühltal, zu der der Bezirksheimatpfleger eingeladen hatte. Da gab es eine Speisenkarte, auf der die Gerichte in Oberpfälzer Mundart abgedruckt waren, die wahrlich nur die Einheimischen lesen konnten. Darum hatte man für die »Andersgläubigen« die hochdeutschen Namen daruntergesetzt. Die Butterknödeln heißen auf oberpfälzisch »Odrieme Kniedla«, was ganz genau übersetzt »abgetriebene Knödel« bedeutet. Diese Art der Abtreibung ist jedoch nicht strafbar. Sie bedeutet lediglich, daß man Butter schaumig rührt. Und damit beginnt auch das Rezept:

In die schaumig gerührte Butter verquirlt man die Eier, würzt mit Salz, Pfeffer, Majoran und einer winzigen Prise Muskat. Dann rührt man so viel Semmelbrösel darein, wie der Teig aufnimmt und dreht aus der Masse kleine Knöderl, die man in kochendes Wasser gibt. Man braucht keine Fleischbrühe, denn die

12

Knöderl geben so viel Würze ab, daß das Kochwasser zur Suppe wird. Die Kochzeit beträgt nur wenige Minuten.

Leberspätzelsuppe

125 g Mehl	Majoran, etwas Muskat
125 g Rinds- oder Kalbsleber	kleingehackte Petersilie
1 Ei	geriebene Zitronenschale
Salz, Pfeffer	

Das Mehl wird mit ganz wenig Wasser und dem Ei glatt gerührt. Dann gibt man Salz, Pfeffer, Majoran und Suppenwürze sowie die feingeschabte Leber daran, verrührt alles gut und läßt die Masse durch ein breitlochiges Sieb in dicken Flocken in die kochende Fleischbrühe rinnen. Wenn die Spatzen auf der Oberfläche schwimmen, ist die Suppe fertig.

Gebackene Spatzen zur Suppe

125 g Mehl	Salz
1 Ei	Backfett
1 Tasse heiße Milch	

Sie sind unentbehrlich als Beilage zur Schwäbischen Hochzeitssuppe, die aus mehreren Einlagen (Fleischknödel, Pfannkuchenstreifen, Markwürfel, Backerbsen, grüne Erbsen usw.) besteht, aber ohne die Spatzen unvollkommen wäre. Aber auch als »Solisten« tummeln sich diese Spatzen recht munter in der Fleischbrühe. Aus den Zutaten rührt man rasch einen zähflüssigen Teig und drückt ihn durch den Spätzleseiher in reichlich und recht heißes Backfett, so daß die Spatzen darin schwimmen. Sie werden immer wieder gewendet und schön goldbraun herausgebakken. Man kann sie auch in der Kühltruhe aufbewahren und erst später verwenden.

Leberknöderl in der Suppe

125 g Hackfleisch	etwas geriebene Zitronenschale
125 g geschabte Rindsleber	kleingehackte Petersilie
1 Ei	geriebene Zwiebel
Salz, Pfeffer, Majoran	3–4 Eßlöffel Semmelbrösel

Die Zutaten werden sehr gut vermengt. Nach kurzem Quellen dreht man kleine Knödel daraus, die in der Suppe oder in Salzwasser so lange gekocht werden, bis sie oben schwimmen und tanzen.

Fleischknödel in der Suppe

250 g Hackfleisch
Salz, Pfeffer
Muskat
Macisblüte (Muskatblüte)

geriebene Zitronenschale
2 Eier
1–2 Eßlöffel Semmelbrösel

Schweine- oder Kalbfleisch dreht man zweimal durch den Wolf, dann würzt man dieses Hackfleisch mit Salz, Muskat, Pfeffer, etwas Macisblüte und abgeriebener Zitronenschale. Dann schlägt man zwei Eier daran, streut Semmelbrösel darüber und verknetet den Teig gut. Er soll noch einige Minuten quellen, dann erst formt man kleine Knödel, die man zehn bis fünfzehn Minuten leise ziehend in der Suppe kochen läßt.

Brieslaibel zur Suppe

1 ganzes Kalbsbries
2 Eier
½ kleingehackte Zwiebel
1 Bund Suppengrün
Salz, Pfeffer, Muskat
50 g Semmelbrösel

Zitronenschale
etwas Milch
1 Eßlöffel Butter
1 l Fleischbrühe
Schnittlauch oder Petersilie
zum Bestreuen

Das ganze Bries wird zunächst in Salzwasser kurz gekocht, dann gehäutet und kleingewiegt. Dann vermischt man es in der Schüssel mit kleingehackten Zwiebeln, Suppengrün, etwas abgeriebener Zitronenschale, den Bröseln und etwas Milch zu einem weichen Knödelteig. Diesen wickelt man in eine mit Butter ausgestrichene Serviette und läßt ihn darin eine Stunde in der Fleischsuppe kochen. Danach wickelt man das Brieslaibel aus, verteilt es bröckerlweise auf Teller und gießt die Suppe darüber, die man entweder mit gehackter Petersilie oder Schnittlauch bestreut.

Markknöderl zur Suppe

100 g Knochenmark	*Salz, Muskat*
1 Eidotter	*geriebene Zitronenschale*
125 g Grieß	*gehacktes Suppengrün*

Leicht erwärmtes Mark aus Rinds- oder Kalbsknochen rührt man schaumig und gibt Eidotter, Grieß und Gewürze daran. Nach dem Verrühren läßt man die Masse etwa 20 Minuten quellen und sticht dann mit einem kleinen Löffel Knöderl ab, die in der leise kochenden Suppe 10 bis 15 Minuten garziehen müssen. Die Knöderl werden etwa doppelt so groß und müssen bis in den Kern hinein durchgekocht und zart sein.

Panadl-Suppe (Semmelsuppe)

2 alte Semmeln	*Salz, Pfeffer, Muskat*
½ Zwiebel	*2 Eier*
50 g Butter	*Schnittlauch*
1 Liter Fleischsuppe	

Sie heißt auch »Baahte Schnittelsuppe«, aber das ist für Auswärtige ebensowenig zu verstehen wie das Wort Panadl. Dieses kommt vom lateinischen *panis* = Brot. Das bayerische »baaht« heißt gebäht, angeröstet. Und wenn man weiß, daß das Brot aufgeschnittelt werden muß, dann ist das Rezept ja schon soviel wie verraten:
Die Semmeln vom Vortag schneidet man in Scheiben oder Würfel und röstet sie mit kleingehackter Zwiebel in Butter leicht an. Dann gießt man kochende Fleischsuppe darüber, schmeckt mit den Gewürzen ab und läßt noch einmal kurz aufkochen. Zum Schluß gibt man die verquirlten Eier dazu und serviert die Suppe mit Schnittlauch bestreut.

Brennsuppe

40 g Fett	*Salz*
3 Eßlöffel Mehl	*1 l Wasser*
1 Zwiebel	*Küchenkräuter nach Belieben*
Kümmel	*(Rahm oder Rotwein)*

Den größten Schimpf hat man einem bayerischen Buben damit antun können, wenn man ihm sagte: »Sei doch bloß du staad, du bist ja eh auf der Brennsuppen daherg'schwommen!« Damit hat man ihm kund und zu wissen getan, daß er aus ärmlichen Verhältnissen stamme, wo man zu Hause »eh nix hat wia Läus und Flöh' und de san krank!« Weil aber auch solche Leut was essen müssen, so haben ihnen die bösen Buben zumindest den Verzehr dieses einfachen Gerichtes zugestanden:

Im Topf wird wasserfreies Fett (gute Margarine, Butterschmalz, Öl) erhitzt und dann das Mehl darin goldbraun geröstet. Dann erst werden die feingehackten Zwiebeln dazugegeben und kräftig gebräunt. Das geschieht unter ständigem Umrühren. Dann nimmt man den Topf vom Feuer, gießt langsam mit kaltem Wasser auf, rührt glatt und bringt alles wieder zum Kochen. Jetzt erst kommen die Gewürze hinzu, die bei der einfachen Brennsuppe nur aus Salz und Kümmel bestehen. Den Kümmel hätte man übrigens auch bereits mit den Zwiebeln anrösten können. Natürlich kann man diese Suppe je nach Geschmack mit Küchenkräutern oder durch Zugabe von Rahm oder Rotwein »verbessern«. Aber wozu? Sie wollten doch einmal eine einfache Brennsuppe probieren! Also, lassen wir's beim Original. Die Kochzeit beträgt eine halbe Stunde.

Übrigens: Viele, die früher »auf der Brennsuppe dahergeschwommen sind«, wären heute froh, wenn ihnen die Mutter noch ein Teller voll vorsetzen könnte!

Hirnsuppe

1 Kalbshirn	Salz, Pfeffer
40 g Fett	Muskat
2 Eßlöffel Mehl	Suppenwürze
etwas Milch oder Rahm	Petersilie oder Schnittlauch
Essig	(2 Semmeln)

Das Hirn, es kann auch ein Hammelhirn oder solches von Wild sein, wird in Salzwasser mit einem kleinen Essigzusatz 10 bis 15 Minuten gekocht, herausgenommen und von allen Blutgerinnseln gereinigt. Man verrührt oder mixt es sehr gut. Dann macht

16

Aufgeschmalzene Brotsuppe, ▷
Rezept Seite 18

man eine weiße Einbrenne aus Fett und Mehl, gießt mit etwas Kochwasser und Milch oder Rahm auf und gibt das Hirn darunter. Wenn die Suppe gut verkocht ist, würzt man sie mit Salz, Pfeffer und Muskat sowie Suppenwürze nach. Man kann sie nach Belieben mit gerösteten Semmelbrockerln bereichern. Dann streut man Schnittlauch oder Petersilie darüber.

Hirgstmillisuppen

Saure Milch	*Wasser*
frische Milch	*Salz*
Mehl	*einige Weintrauben*

Hier ist eine Übersetzung vonnöten: Herbstmilchsuppe. Sie ist vor allem in Niederbayern im Bayrischen Wald daheim. Aber auch da muß man heute suchen, wenn man in einer Speisekammer noch den Herbstmilchzuber finden möchte, jenen Holzbottich, in dem man saure Milch mit ein paar Weintrauben angesetzt und zum Vergären gebracht hat. Das war sozusagen die Ursubstanz für die Milch-Suppe, die man sich daraus das ganze Jahr über hat zubereiten können. Wer's heute nachmachen will, kann sich mit einem größeren Steingutgefäß behelfen:
In den Topf gibt man saure Milch mit einigen frischen Weintrauben (daher »Herbst«-Milch) und läßt den Inhalt gären. Dabei muß man von Zeit zu Zeit die oberste Gärschicht abschöpfen. Nun kann man immer wieder mit saurer oder süßer Milch nachschütten und verrühren, denn einmal in Gärung gebracht, läßt sich die Herbstmilch da nicht mehr drausbringen. An einem kühlen, aber nicht kalten Ort abgestellt, fühlt sie sich am wohlsten.
Die Suppe wird so zubereitet: ¼ l Herbstmilch verrührt man mit 2 Eßlöffeln Mehl und gibt das in 1 l kochendes Salzwasser (nur eine Prise Salz). Unter ständigem Umrühren läßt man dann noch einmal aufkochen, und die Hirgstmillisuppen ist fertig. Ja, und wenn man sich noch ein paar Salzkartoffeln und Rahm in den Teller tut, dann hat man ein sättigendes, gutes Essen.
Man kann die Hirgstmillisuppen auch kalt essen und im Kühlschrank ein paar Tage aufheben.

Aufgeschmalzene Brotsuppe

1 l Suppe
Salz, Pfeffer
Knoblauchgranulat
(nach Belieben)
1 Teelöffel Kümmel
1 Eßlöffel Majoran

250 g Zwiebeln
75 g Schweinefett
50 g Butter
500 g Hausbrot
Petersilie oder Schnittlauch

Zunächst braucht man eine Suppe. Woher man sie nimmt, ist gleich. Es kann eine Fleischbrühe sein, ein Knochensud oder eine Würfel-Bouillon. Sie wird für dieses Gericht noch zusätzlich gewürzt und mit Salz, Pfeffer und nach Belieben mit etwas Knoblauchgranulat abgeschmeckt. Den Geschmack bestimmen aber sollen Kümmel und Majoran; also mit diesen Gewürzen nicht zu sparsam umgehen! Man läßt die Suppe zunächst gut aufkochen und dann leise dahinbrodeln, bis sie benötigt wird.

In der Pfanne schmalzt man nun halbierte Zwiebelringe auf, und zwar in einem Gemisch aus Schweinefett und Butter. Das läßt auch bei starker Hitze die Zwiebeln kaum anbrennen und verleiht ihnen eine schöne dunkelbraune Farbe.

Jetzt schneidet man altes Schwarzbrot in feine Scheiben, gibt sie in eine tiefe Schüssel, schüttet die Suppe darüber und deckt kurz zu. Erst danach rührt man die Zwiebeln und das in der Pfanne verbliebene Fett darunter und streut gehackte Petersilie oder Schnittlauch darauf.

Die Schwabinger Wirtin, von der dieses Rezept stammt, schwört darauf, daß die »aufg'schmalzene Brotsuppen« jeden verdorbenen Magen wieder herrichtet. Für besonders g'schleckige Stammgäste muß sie noch eine heißgemachte Leberwurst in die Suppe rühren.

Fleisch und Geflügel

Der Bayer ist eine fleischfressende Pflanze

Dennoch unterscheidet er sich von jener in der Botanik, weil er keine Fliegen und Insekten mag. Essen schon gleich gar nicht. Nur ein berühmter Landsmann wäre in dieser Hinsicht bald einmal in Schwierigkeiten geraten: Karl Valentin bestellte sich in einem Berliner Restaurant Rheinischen Sauerbraten. In der Soße schwammen einige Weinbeeren. Sofort beschwerte sich Valentin beim Ober über die vermeintlich toten Fliegen. Als ihm bedeutet wurde, daß es sich da um Rosinen handle, meinte er: »Also, Fliegen wär'n mir lieber g'wesen!« Der Valentin hat scheint's überhaupt so einen Gusto auf ausgefallene Speisen gehabt, sonst wäre er nicht auf jenen gelben Regenwurm gekommen, den er in seinem Ententraum verspeisen wollte. Glücklicherweise wurde er rechtzeitig geweckt.

Ein richtiger Bayer (Valentin war ja gar kein echter) träumt von etwas Handfesterem, von einer Kalbshaxen vielleicht oder daß er eine Ente ißt und nicht ist. Ein Trumm Fleisch ist ihm weitaus lieber als die schönste Kartoffel. »De Erdäpfel san erst guat, wenns vorher d' Säu g'fressen ham«, heißt ein alter Spruch, der bis auf die Zeit der Einführung der Kartoffeln in Bayern zurückgeht. Interessant wäre zu wissen, ob früher das Schweinerne besser geschmeckt hat?

Nach dem Motto: »Wenig braucht's net sein, wenn's nur guat is«, sind unsere Fleischrezepte hier immer ein wenig üppig gehalten. Aber sonst wären sie nicht bayerisch. Dafür gibt es gelegentlich auch billigere Fleischspeisen wie Kuttelfleck, Ochsenschwanz, Wadschenkel, Knöcherl oder ein saures Lüngerl. Und: jedem soll's schmecken!

Schwäbisches Voressen (Kuttelfleck)

1 Pfund Kuttelfleck	Weinbeeren
2 Eßlöffel Mehl	1 Lorbeerblatt
2 Eßlöffel Fett	Salz, Pfeffer
2 Zwiebeln	1/8 l Rotwein

Unter Kuttelfleck versteht man den Rindsmagen. Am besten kauft man sie gleich feingeschnitten und gekocht beim Metzger. Es ist zweckmäßig, sie noch nachzukochen. Wenn sie roh sind, muß man den Magen oder Teile davon zu Hause in reichlich Essig-Salz-Wasser gut zwei bis drei Stunden kochen. Dann schneidet man entweder Kutteln (nudelförmig) oder Kuttelfleck (feinblättrig) daraus.

Im Topf bereitet man aus Fett und Mehl eine dunkle Einbrenne, in der man gehackte Zwiebeln mitdünstet. Dann gießt man mit 1 l Wasser auf, gibt die Kuttelfleck dazu und würzt mit Lorbeerblatt, einer Handvoll Weinbeeren, Salz und Pfeffer. Man läßt sie eine halbe Stunde kochen, schmeckt zum Schluß noch mit Rotwein ab und nimmt das Lorbeerblatt heraus.

Bœuf à la mode

2 Pfund Rindfleisch vom hinteren Viertel (Schwanzstück)

Zur Beize:

½ l Wasser	(mit Nelken besteckt)
¼ l Wein (weiß oder rot)	6 Wacholderbeeren
¼ l Essig	8 Pfefferkörner
1 gelbe Rübe	1 Porreestange
2 Zwiebelhälften	1 Petersilwurzel

Zum Braten:

50 g Butterschmalz	ein Stück angebräunte Brotrinde
50 g in Streifen geschnittener Speck	30 g Mehl
3–4 Markknochen vom Rind oder Kalb	1 gehäufter Eßlöffel Zucker
	Beizflüssigkeit
	Schuß Rotwein

Gewürzmischung für das Fleisch:

Dill	Liebstöckl (Maggikraut)
Estragon	Wacholderbeeren
Petersilkraut	Salbei
Schnittlauch	Thymian
Selleriekraut	Salz, Pfeffer

Diese Art der Rindfleischzubereitung ist nun wirklich nicht mehr à la mode. Das »Bifflamott« oder »Befflamott«, wie es noch vor dem Krieg auf vielen bayerischen Speisenkarten stand, ist aus der Mode. Der Sauerbraten hat es verdrängt. Ehrlich gesagt: es macht zu viel Arbeit. Drum kriegt man heut meist nur noch privat ein richtiges Bœuf à la mode vorgesetzt. Eine Geschäftsfrau aus dem niederbayerischen Eggenfelden, die »vorm Hitler«, wie sie sagte, ein bekanntes Hotel auf dem Obersalzberg leitete, zelebriert dieses Gericht auf folgende Art:

Das Fleischstück wird mindestens drei Tage lang in eine Beize, welche die oben angeführten Zutaten enthält, gelegt. Im Sommer muß die Beize aufgekocht werden und kommt nach dem Abkühlen über das Fleisch; in der kalten Jahreszeit kann man das Aufkochen bleibenlassen. Der Porree und die gelbe Rübe werden in Stücke hineingeschnitten.

Nach dem Beizen wird das Fleisch abgetrocknet, gespickt oder mit Speckscheiben umwickelt, gesalzen und gepfeffert und dann in einer Gewürzmischung (wie oben angegeben) gewendet und fest eingerieben. Wer sich die Gewürze und Kräuter aus dem Garten frisch holen kann, ist gut dran.

Das so vorbehandelte Fleisch kommt nun in den Topf oder in die Pfanne und wird in Butterschmalz angebraten. Dann gibt man die Zwiebelhälften, die Gelbe-Rüben- und Porreestücke aus der Beize hinzu, ebenfalls einige Markknochen und dünstet das Fleisch gut zwei Stunden. Dabei gießt man immer wieder mit der Beizflüssigkeit auf. Diese kann man, wenn sie zu scharf ist, mit Wasser verdünnen. In der letzten Viertelstunde gibt man noch ein Stück in Butter angeröstete Brotrinde an die Soße.

Wenn das Fleisch weich ist, wird es herausgenommen und warm gestellt. Dann staubt man den Fleischsaft und die Markknochen mit gesiebtem Mehl und bräunt zur gewünschten Farbe. Das Mark hat sich inzwischen herausgelöst, und die Knochen können entfernt werden. Die Soße passiert man durch. Jetzt wird mit dem Rest der Beizflüssigkeit aufgegossen, das ganze drei Minuten lang aufgekocht, dann mit Zucker und Rotwein abgeschmeckt. Zusammen mit dem Fleisch läßt man noch 10 bis 15 Minuten ziehen – bis die Semmelknödel fertig sind.

Altmünchner Kalbshaxe (6 Personen)

1 Kalbshaxe (3–4 Pfund)	*1 Zwiebel*
Zum Sud:	*2 Nelken*
2½ l Wasser	*1 Lorbeerblatt*
Salz	*2 Stangen Porree*
¼ l Essig	*150 g Sellerie*
15 Pfefferkörner	*150 g gelbe Rüben*

Die Kalbshaxe wird in kochendes Salzwasser gegeben. Nachdem der Sud wieder aufgekocht hat, schäumt man ihn ab und würzt mit Essig, einer halbierten und mit Nelken besteckten Zwiebel, Pfefferkörnern und Lorbeerblatt. Die Kochzeit beträgt zwei bis zweieinhalb Stunden. Gegen Ende der Garzeit schneidet man Porree, Sellerie und gelbe Rüben in feine Streifen und läßt sie noch ein paar Minuten mitkochen.

Dann löst man die weichgekochte Haxe vom Knochen, schneidet sie einmal der Länge nach durch und tranchiert sie in Scheiben, die mit den mitgekochten Gemüsestreifen bedeckt werden. Angerichtet wird mit Rahmspinat, Karfiol (Blumenkohl) mit Butterbröseln und gedämpften Kartoffeln, die noch mit Petersilie bestreut werden.

Zweierlei Fleisch

Dieses Rezept stammt vom Pfarrer von Neuhofen im Rottal. Dem ist einmal folgendes passiert: Als er um ½ 6 Uhr früh zur Messe ging, begegnete ihm der Rauchfangkehrer und begrüßte ihn mit »Grüß Gott, Herr Kollege!« Da sich der Pfarrer nicht erinnern konnte, mit dem Kaminkehrer einmal in Conzelebration ein Hochamt gefeiert zu haben, fragte er: »Wieso Kollege?« Worauf der Mann mit Leiter und Besen meinte: »Na ja, jeder von uns ist halt ein Schwarzer!« Darauf der Pfarrer: »Aber ein Unterschied ist da schon: Ich bin ein G'weichter (Geweihter), und du bist ein G'selchter!«

G'selchtes, das ist im Rottal das Schwarzgeräucherte, und es spielt in diesem Rezept die Hauptrolle. Der Herr Pfarrer hat es von seiner Großmutter, die es aus dem Böhmischen mitgebracht hat.

1 Pfund durchwachsenes	4 Wacholderbeeren
G'selchtes (Räucherfleisch)	2 Nelken
1 Pfund mageres Rindfleisch	1 Lorbeerblatt
100 g Sonnenblumenöl	1 Eßlöffel Stärkemehl
1 gehackte Zwiebel	1 Eßlöffel saurer Rahm
je 1 Messerspitze Thymian	1 abgeschälte Tomate
Basilikum und Estragon	

In einem großen Tiegel die Zwiebel mit Öl glasig dünsten. Dann wird das Rindfleisch mit Salz und Pfeffer eingerieben und in den Topf gelegt, das G'selchte kommt, wie es ist, in den Tiegel. Beide Teile werden auf beiden Seiten angebraten und dann zugedeckt. Sobald das Fleisch gut Saft gezogen hat, kommen die Gewürze dazu. Dann läßt man alles eineinhalb Stunden dünsten, dazwischen öfter aufgießen. Nach dieser Zeit nimmt man das Fleisch heraus und stellt es warm. Nun bindet man die Soße mit Stärkemehl, rührt sauren Rahm daran und drückt noch eine Tomate dazu. Wenn das alles gut verrührt ist, kommt das Fleisch wieder zur Soße und darf darin noch 10 Minuten leise brodeln. Vor dem Servieren wird die Soße durchpassiert. Beim Pfarrer in Neuhofen hat's dazu Kartoffelknödeln und ein Hollermus gegeben.

Münchner Kronfleisch

Das ist eine ausgesprochene Münchner Spezialität. Früher gab es sogar eine eigene Kronfleischküche, die aber leider ihre Pforten geschlossen hat. Beim Kronfleisch handelt es sich um die kleine, am Zwerchfell angewachsene Fleischkrone, die nur ganz kurz gekocht werden darf, sonst wird das Fleisch hart und trocken.

1 Krone	reichlich Suppengrün
Salzwasser	Salz und Pfeffer

Das Kronfleisch wird in kochendem Salzwasser mit Suppengrün 10 bis 12 Minuten stark sprudelnd gekocht, sofort herausgenommen und auf einem Holzteller mit Salz, Pfeffer, Senf und Brezn serviert. Das ist alles, schmeckt aber ganz besonders köstlich.

Münchner Siedfleisch-Platte

1½–2 Pfund Ochsenbrust	*1 kleine Knolle Sellerie*
1 Pfund Markknochen	*2–3 Essiggurken*
½ Wirsingkopf	*Petersilkraut*
2–3 große gelbe Rüben	*Salz, Pfeffer*

Die Ochsenbrust wird in kochendes Wasser mit den gelben Rüben, dem Petersilkraut und den Markknochen gegeben und langsam zart weichgekocht. Kurz bevor das Fleisch gar ist, gibt man noch den halben Wirsingkopf dazu. Dann schneidet man das Fleisch auf und gibt es mit dem Gemüse, nach Belieben auch etlichen Tomaten und Petersilie auf eine Platte und legt die Markknochen dazu. Man überstreut das Fleisch noch mit Pfeffer oder Paprika.

Gefülltes Wammerl

1½–2 Pfund Wammerl	*1 Zwiebel*
1 gehäufter Teelöffel Butter	*Suppenwürze*
oder Schweinefett	*etwas Sellerie*
1 Ei	*1–2 Eier*
Salz, Pfeffer	*Brösel*
Muskat, Curry	*Bratfett*
Zitronenschale	

Das Wammerl wird mit einem scharfen Messer so eingeschnitten, daß eine Tasche entsteht. Dann rührt man die Butter oder das Schweinefett mit Ei, Salz, Pfeffer, Muskat und Curry gut durch, dazu etwas geriebene Zitronenschale und die Zwiebel, Suppenwürze und den geriebenen Sellerie, gibt dann so viel Semmelbrösel dazu, daß eine bindige zarte Masse entsteht. Diese füllt man in die gesalzene Tasche, die dann zugenäht wird. Dann brät man das Fleisch unter ständigem Begießen goldgelb und schneidet den Braten in nicht zu dünne Scheiben auf. Dazu gibt man beliebige Gemüse.

Spanfackl

So ein rösches Spanfackl ist nicht nur ein Hochgenuß, sondern auch ein Stück saftiges Altbayern. Man kriegt es das ganze Jahr, wenn man es kriegt, denn wer macht schon so einem rosigen Viecherl den Garaus, wenn eine fette Großsau daraus werden kann. Aber »diam« (gelegentlich) geht schon so ein g'schleckiger Wunschtraum in Erfüllung. Man braucht nicht viel dazu:

1 Spanfackl	¼ l Bier
Salz, Pfeffer	Backfett

Das sauber geputzte Fackl wird innen mit Salz und Pfeffer eingerieben, außen nur gesalzen und am besten mit einem langen Holzspan gespannt, das heißt, daß man ihm das Rückgrat stärkt, indem man es durch einen langen Span vom Maul bis zum Schwanzl vor dem Zusammenfallen bewahrt. Dann heizt man die Bratröhre etwa ¼ Stunde vor, legt noch einige Holzspäne quer über die große Bratrein, gibt das Säulein darauf und schiebt es in die Hitze des Bratrohrs. Es wird gelegentlich mit Salzwasser, dem abgetropften Fett und dem Bier übergossen. Die entstehenden Blasen der zarten Haut sticht man dabei auf. Je nach Größe braucht es 2 bis 3 Stunden. Wenn Bratrein und Bratrohr zu klein sind, kann man vielerorts das Fackl auch beim Bäcker oder beim Wirt braten lassen. Es muß goldbraun, rösch und saftig sein. Als Beilage gibt es Kartoffelsalat oder Krautsalat sowie Semmelknödel als Soßenschlucker.

Wadschenkel mit Gemüse

1½–2 Pfund Ochsen-	Gemüse (Bohnen, Rosenkohl,
Wadschenkel	Blumenkohl)
Salz	etwas Butter
Suppenwurzeln	

Die dicke Wade vom Ochsen oder einer festen Kuh ist ein besonders saftiges Stück Fleisch, das aber sehr lange kochen muß. Man rechnet 2 bis 3 Stunden, was sich aber lohnt, denn ein weiches, saftiges Wadschenkelfleisch ist schon ein Genuß. Es wird nur in schöne Scheiben geschnitten, gefällig angerichtet und mit verschiedenerlei Gemüse, das nur in Butter geschwenkt wurde, umgeben. Man muß das Fleisch rasch servieren, denn es wird sonst streng und saftlos.

Fränkische Schweinskoteletts

4 Schweinskoteletts	*2–3 Eßlöffel Kren*
Salz, Pfeffer	*(Meerrettich)*
Backfett	*2–3 Eßlöffel Semmelbrösel*
2–3 Äpfel	*etwas Milch*
1 Schuß Weißwein	*Petersilie*

Zuerst dämpft man die geschälten, halbierten Äpfel mit etwas Butter und nach Belieben einem Schuß Weißwein vorsichtig gar und mischt den Kren mit den Semmelbröseln, ein wenig Milch, Salz und einer Prise Zucker. Dann brät man die mit Salz und Pfeffer gewürzten Koteletts in reichlich Fett auf beiden Seiten goldbraun, gibt sie auf die Platte, setzt je einen halben Apfel darauf und bekrönt ihn mit 1 Eßlöffel Bröselkren. Zuletzt kann man mit Petersilie garnieren.

Lammkoteletts gegrillt

In Dorfen (Landkreis Erding) steht mitten im Gastzimmer vom »Waitl-Bräu« ein mordstrumm Rost. Drum herum sind meterlange Buchenscheiter aufgeschichtet, an der Decke darüber hat man einen in der Mitte quer durchgeschnittenen Brauereikessel montiert. Der dient jetzt als Rauchabzug. Der junge Wirt schreibt sich Obereisenbuchner, und wenn an dem Spruch »Nomen est omen« was dran ist, bei ihm stimmt's. Da steht der ehemalige Ober an seinem eisernen Rost, heizt mit Buchenholz und grillt die Spezialität des Hauses: Lammkoteletts. Meistens gib's dieses Schmankerl am Samstagabend, und da nur auf Bestellung. Denn so viele Schaflamperl bringt der Wirt, trotz eigener Zucht, nicht her, als es Menschen gibt, die diesen unschuldigen Geschöpfen nach dem Leben trachten.
Aber jetzt das Rezept für den heimischen Grill:

Pro Person 2 Lammkoteletts	*Knoblauchzehe*
Salz, Pfeffer	*Speiseöl*

Die Koteletts werden mit einer Knoblauchzehe eingerieben und auf beiden Seiten kräftig mit Salz und Pfeffer gewürzt. Man grillt sie auf jeder Seite 2 bis 3 Minuten. Es empfiehlt sich, die Stücke nicht zu dünn zu schneiden, da sie sonst zuviel an Saft verlieren. Das kann man jedoch verhindern, wenn man sie nach dem Würzen in Öl taucht.

Gebratene Schweinshaxeln

2 Pfund dünne Schweinshaxeln	Knoblauch
(Knie)	Mehl
Salz, Pfeffer	Bratfett
Kümmel	Sauerkraut

Die Haxeln läßt man sich beim Metzger in 2 bis 2½ cm dicke Scheiben schneiden, würzt sie mit Salz, Pfeffer, etwas gewiegtem Kümmel und Knoblauch, wendet sie in Mehl und brät sie dann in der Pfanne mit genügend Fett langsam goldbraun, daß sie schön weich werden. Man gießt dann mit etwas Suppenbrühe auf und dünstet sie dann zugedeckt völlig gar. Die Haxeln werden mit würzigem Sauerkraut, das mit Senf, Essig und einer guten Prise Zucker abgeschmeckt wurde, aufgetragen.

Niederbayerisches Kümmelfleisch

1–1 ½ Pfund Schweinefleisch	1 Eßlöffel Kümmel
1 gehackte Zwiebel	½ Tasse Schwarzbrotbrösel
Fett	1 Glas Bier
Salz	½ Tasse saurer Rahm

Das Fleisch wird in gleichmäßige, grobe Würfel geschnitten; dann brät man es mit der aufgeschnittenen Zwiebel in Fett kurz an und fügt Salz und reichlich Kümmel dazu. Man gießt mit 1 Glas Bier auf, gibt die Schwarzbrotbrösel dazu und läßt das Fleisch darin langsam und zugedeckt gar werden. Dabei muß man gelegentlich einmal mit Wasser oder Fleischbrühe nachgießen. Zuletzt wird mit Suppenwürze und saurem Rahm abgeschmeckt.

Ochsenschwanzragout

2 Pfund Ochsenschwanz	Fleischbrühe
Salz, Pfeffer	1 Eßlöffel Tomatenmark
1 Pfund Zwiebeln	6 Pfefferkörner
50 g Schweinefett	2 Lorbeerblätter
100 g geräucherter Speck	⅛ l Rotwein
(oder Wammerl)	Mehlteigerl (50 g Mehl)
Wurzelwerk oder Grünzeug	⅛ l saurer Rahm

Der Ochsenschwanz wird zuerst gewaschen, dann in Stücke zerteilt, gesalzen und gepfeffert.

Nun dünstet man in einer Kasserolle oder einem breiten flachen Topf die feingehackten Zwiebeln in Schweinefett und gewürfeltem Räucherspeck an. Wenn sie schön goldgelb sind, kommen das Fleisch und das Wurzelwerk dazu. Nach dem Anbraten gießt man mit etwas Fleischsuppe auf, rührt Tomatenmark daran und läßt das Ganze etwa 2 Stunden zugedeckt dünsten. Während dieser Zeit muß man des öfteren aufgießen, nach Bedarf salzen und Pfefferkörner und Lorbeerblätter beifügen. Die Ochsenschwanzstücke sollen stets leicht mit Flüssigkeit bedeckt sein. Sobald man das Fleisch von den Knochen lösen könnte, gießt man den Rotwein hinzu und bindet mit einem Mehlteigerl. Das Ganze darf nun noch einmal – nicht mehr zugedeckt – aufkochen, dann rührt man den sauren Rahm darunter und stellt den Topf auf Sparflamme.

Dazu ißt man Semmelknödel oder Salzkartoffeln.

Man kann das Gericht noch verfeinern, indem man mit dem Rahm gedünstete Pilze der Saison einrührt.

Pikantes Kalbsfuß-Ragout

2–3 Kälberfüße	Petersilkraut
Suppengrün	Essig
1 Eßlöffel Fett	⅛ l Weißwein
1–2 Eßlöffel Mehl	Salz, Muskat
etwas Milch	Suppenwürze
1–2 Essiggurken oder	etwas Zucker
1 Eßlöffel Kapern	1–2 Teelöffel Senf

Die sauber geputzten Kälberfüße werden am besten schon beim Metzger der Länge nach durchgehackt und dann in Salzwasser mit Suppengrün so weich gekocht, daß man das Fleisch mit dem Daumen vom Knochen wegdrücken kann. Dann schneidet man gulaschartige Würfel daraus und bereitet nun aus Fett und Mehl eine weiße Einbrenne, die mit Milch und Weißwein aufgegossen wird. Man würzt sie herzhaft mit Salz und Pfeffer, Senf und ein wenig Essig, einer Prise Zucker, Muskat und Suppenwürze. Dann gibt man die gehackte Essiggurke oder/und die Kapern und den Senf daran. Das Ragout soll sehr würzig süßsauer schmecken. Semmelknödel oder Salzkartoffeln schmecken gut dazu.

Reis mit Haschee

Reis hat man in Bayern schon immer gerne gegessen, was sicherlich auf die guten alten Handelsbeziehungen zu Italien zurückzuführen ist, denn er wurde hier schon viel früher als beispielsweise in Norddeutschland verwendet.

200–250 g Reis	*etwas saurer Rahm*
200–250 g Fleischreste	*Salz, Pfeffer*
½ feingehackte Zwiebel	*Muskat, Paprika, Senf*
Butter	*Suppenwürze*
etwas Mehl	*Petersilie*

Man kocht den Reis wie üblich in Salzwasser gar, gießt ihn ab, mischt ihn mit etwas Butter, Salz und Muskat und drückt ihn in eine Pudding- oder Ringform und stürzt ihn auf eine heiße Platte. Dann dreht man beliebige Bratenreste (auch Schinken) durch den Wolf, schmort in einem Topf geriebene oder feingehackte Zwiebel in Butter an, gibt das Fleisch dazu, staubt es mit etwas Mehl, gießt mit saurem Rahm und Fleischbrühe oder Wasser auf und schmeckt nun das Haschee sehr herzhaft mit Salz, Pfeffer, Muskat, Paprika, Senf und Suppenwürze ab. Es wird über den Reis gegossen und mit Petersilkraut garniert.

Regensburger Saures Zeug

500 g Schweinsknöcherl　　　*Salz, Pfeffer*
1–2 Schweins- oder Kalbs-　*Essig*
züngerl　　　　　　　　　　*gehackte Petersilie*
etwa 250 g Suppengemüse

In Salzwasser mit reichlich Essigzusatz kocht man die Züngerl
und Knöcherl weich und gibt kurz vor dem Fertigwerden das in
Streifen geschnittene Gemüse wie gelbe Rüben, Lauch, Petersilwurzeln und, wenn möglich, eine Handvoll grüne Erbsen
dazu. Die Züngerl werden geschält, die Knöcherl nach Belieben
entbeint und mit etwas Essigbrühe angerichtet. Man streut die
Gemüsestreifen und viel gehackte Petersilie darüber und gibt
Salzkartoffeln dazu.

Münchner Rindfleischsalat

etwa 1½–2 Pfund Reste von　　*etwas Senf*
gekochtem kaltem Rindfleisch　*Salz, Zucker, Pfeffer*
1 mittelgroße feingeschnittene　*Schnittlauch*
Zwiebel　　　　　　　　　　*1 hartgekochtes Ei, Essig-*
Öl, Essig　　　　　　　　　*gurken oder Paprikaschote*
eventuell 1–2 Eßlöffel　　　*eventuell 1 Tomate*
Mayonnaise

Das kalte Rindfleisch wird in Streifchen geschnitten und mit der
fein aufgeschnittenen Zwiebel, Öl, Essig oder Mayonnaise, etwas Senf, Salz, Zucker, Pfeffer und viel Schnittlauch sehr scharf
süßsauer gewürzt. Man kann nach Belieben noch etwas fein auf-
geschnittene Paprikaschote daruntergeben. Der Salat wird auf
eine Platte getürmt, mit Ei- oder Tomatenscheiben und Zwiebelringen sowie Schnittlauch garniert. Man soll ihn noch eine Weile
durchziehen lassen.

Surfleisch

Man bekommt es heutzutage auch in Bayern nur noch selten.
Surfleisch ist nichts anderes als gesalzenes und gewürztes
Schweinefleisch, das man in einem Behälter Saft ziehen läßt (pö-
kelt). Diesen Saft nennt man die »Sur«. Manchmal kommt es

vor, daß das Fleisch zuwenig Eigenflüssigkeit besitzt, die Sur also die eingelegten Fleischstücke nicht bedecken kann. In diesem Fall muß man mit etwas Salzwasser nachhelfen. Das Surfleisch ist die Vorstufe für das bekannte »G'selchte« (Bauerngeräucherte), das man vor allem in Niederbayern so herrlich zuzubereiten versteht. Ein gutes und haltbares G'selchtes muß vier bis sechs Wochen in der Sur liegen und mindestens eine Woche im Kamin hängen. In diesen ist eine »Selch« (Räucherkammer) eingebaut, die gut vier Meter über der Feuerstelle sein muß. Nur so wird das Fleisch »kalt geselcht«, kann also nicht verbrannt werden, bleibt kernig und verliert nicht zuviel an Gewicht. Weil aber heute nur noch wenige Bauern ausschließlich mit Holz heizen und die Tiefkühltruhe ohnehin eine Haltbarmachung von Fleisch durch das Einsuren überflüssig macht, braucht man sich nicht zu wundern, daß man oft »meilenweit geht«, um ein gutes Surbratl (Surbraten) zu bekommen. Es ist nämlich ein großer Unterschied zwischen dem Pökelfleisch (schnell hergestellt durch Pökelsalz, Salpeter) und echtem Surfleisch, das nur mit reinem Kochsalz eingerieben wurde.

Wenn man also kaum mehr Surfleisch kriegt, warum macht man es sich eigentlich nicht selbst? Ein Kunststück ist's nicht. Freilich soll man sich dazu eine größere Menge an Fleisch kaufen, damit sich's auch rentiert. Wie wär's mit 20 Pfund? Zurechtgeschnitten in Portionsstücke, vom Knochen ausgelöst? Alle Teile vom Schwein eignen sich zum Einsuren mit Ausnahme der Innereien und der Füaßl. Zu dieser Menge braucht man:

20 Pfund Fleisch	*20 g Wacholderbeeren*
½ Pfund Kochsalz	*1 Pfund Zwiebeln*
2–3 zerdrückte Knoblauchzehen	

Und natürlich ein geeignetes Gefäß, in das man die Fleischstücke einlegen und aufeinanderschichten kann. Das Surfaßl (der Behälter) sollte mehr in die Höhe als in die Breite gehen und darf innen keinesfalls aus Metall sein. Geeignet sind Holzfässer, Krautzuber, unverletzte Emailtiegel oder Steingutgefäße.

Den Boden des Gefäßes bedeckt man mit einem Teil des abgewogenen Kochsalzes und der geschnittenen Zwiebeln. Dann

Münchner Siedfleisch-Platte, ▷
Rezept Seite 25

reibt man die Fleischstücke ringsum mit Knoblauch ein, salzt sie auf allen Seiten und schichtet sie nun in den Behälter. Zwischen jede Lage Fleisch kommt jeweils eine Lage Zwiebeln mit zerdrückten Wacholderbeeren. Das Fleisch wird gut eingedrückt und aufeinandergeschichtet; es dürfen keine großen Zwischenräume entstehen. Oben darauf kommen wieder Salz, Zwiebeln und Wacholderbeeren. Darauf legt man nun einen passenden Holzdeckel und beschwert ihn mit irgendeinem Gewicht (Stein). Schon am nächsten Tag merkt man, daß der Fleischsaft hochsteigt; nach spätestens drei Tagen muß die Sur das Fleisch bedekken. Tut sie es nicht, kocht man Salzwasser auf, läßt es erkalten und gießt es dazu. Hierzu genügen leicht 50 g Salz. Den Surfleischbehälter stellt man kühl (Hausgang, Keller).

Schon nach einer Woche kann man sich sein erstes Surbratl zubereiten, also einen Schweinsbraten aus Surfleisch. Dabei braucht man das Fleisch nicht mehr zu waschen; alles, was beim Herausnehmen an Sur dran hängenbleibt, gehört auch in die Bratreine. Ansonsten verfährt man wie beim Schweinsbraten, sollte aber bedenken, daß das Fleisch durch den Survorgang schon weicher geworden ist als frisches Fleisch. Die Bratzeit ist also kürzer. In Niederbayern und in der Oberpfalz macht man sich gern ein

Erdäpfel-Surbratl

Eine halbe Stunde bevor der Braten gar ist, schneidet man rohe Kartoffelscheiben in die Soße.

Der Inhalt des Surbehälters (es gibt auch extra Surkübel) sollte nach etwa sechs Wochen verbraucht sein, sonst wird das Fleisch zu scharf, und man muß es dann vor dem Braten waschen oder sogar wässern.

Hunnenspieße

4 Scheiben Rindslende	*Oregano*
Butter	*Salz, Pfeffer*

Die Lendenstücke werden geklopft und dann zopfartig auf Holzspieße aufgezogen. Dann würzt man sie und grillt sie sieben

◁ *Gefülltes Wammerl, Rezept Seite 25*   33

Minuten vor der Glut (nicht über der Hitze!). Sie müssen immer wieder gedreht werden. Damit sie nicht austrocknen, werden sie in den letzten zwei Minuten ständig mit zerlassener Butter bepinselt. Nach »Hunnenart« gibts dazu kein Besteck. Die Enden der Holzspieße nimmt man mit der Hand, und dann beißt man einfach das Fleisch ab. So gesehen im Gasthof »Gunzenlee« bei Augsburg, auf historischem Boden. Denn hier fand die Schlacht gegen die Ungarn (955 n. Chr.) auf dem Lechfeld statt.

Gebackenes Kitzl

4 Portionsstücke Kitzfleisch	Pflanzenfett
Salz, Pfeffer	Butter
Ingwer	$1/4$–$1/2$ l Wasser oder Fleischbrühe
2 Eier	Alufolie
Semmelbrösel	

Die Ziegen hatten in Bayern früher den Spitznamen »Eisenbahnerkühe«. Damals gab's ja auch noch an den Zugstrecken die vielen Bahnwärterhäuschen, deren Bewohner sich vielfach durch Kinderreichtum auszeichneten. Nicht geradezu übermäßig hoch besoldet, mußten die Bahnwärterfamilien sich nach einer zusätzlichen Einnahmequelle für den täglichen Speisezettel umschauen. So waren die zwar nicht auf den Hund, aber auf die Geiß gekommen. Die Ziege lieferte täglich Milch. Daraus konnte man noch Butter und Käse bereiten. Und alle Jahre gab's zwischen Ostern und Pfingsten junge Kitzl. Eine Delikatesse im Magenfahrplan der Eisenbahnersfamilie. 1974 wurden in Bayern noch 11 000 Ziegen gezählt. Ihre Zahl sinkt ständig. Man braucht deshalb heutzutage schon »Beziehungen«, um zu seinem »gebackenen Kitz« zu kommen.

Die Portionsstücke werden mit Salz, Pfeffer und Ingwer eingerieben und in Ei und Semmelbrösel gewendet. Dann brät man sie in der Pfanne in sehr heißem Fett auf beiden Seiten gut an. Danach läßt man auf jedem Fleischstück eine Butterflocke zergehen und deckt alles mit einer Alufolie zu. So wird das Kitz eine Stunde bei guter Mittelhitze im Rohr gebacken, wobei man öfters mit Fleischbrühe aufgießen muß.

Sulzen

Auf den Speisenkarten steht oft »Sülze« oder »Aspik«; in Bayern aber heißt sie Sulz und gehört in den Suppenteller. Man kennt sie als Knöcherlsulz, als Fleischsulz oder als Bratensulz (Tellersulz). Am besten schmeckt sie an heißen Sommertagen im kühlen Wirtsgarten, aber man kann sie das ganze Jahr über zubereiten, denn die Zutaten gibt es beim Metzger zu jeder Zeit. Ganz frisch natürlich an den Schlachttagen. Die Sulz selber ist eigentlich nichts anderes als der Absud von den leimhaltigen Teilen von Kalb und Schwein. Das sind beim Kalb die Füße, vom Schwein ebenfalls die Füße, die Schwarten, der Rüssel, die Ohren und das Schwanzl. Der Sud von diesen Teilen stockt nach dem Erkalten, er »sulzt sich«, wie man in Bayern sagt.

Knöcherlsulz

4 Schweinsfüße	*1 Rüssel*
1 Schweinsohr	*1 Schwanzl (Komma)* *
Zum Sud:	*2 Zwiebelhälften*
¼ l Essig	*4 Nelken*
3 Prisen Salz	*1 Lorbeerblatt*
10 Pfefferkörner	*1 Zitronenscheibe*

Am besten läßt man sich die Knochen gleich vom Metzger in kleine Stücke hacken (ein Füßl einmal lang und einmal quer durch), alles andere kann man sich daheim mit dem Messer entsprechend kleinschneiden. Die gewaschenen Stücke werden in so viel kaltem Wasser zugesetzt, daß alle Fleischteile gut bedeckt sind. Essig, Salz und Pfefferkörner werden sofort beigegeben, die mit Nelken besteckten Zwiebelhälften, das Lorbeerblatt und die Zitronenscheibe kommen erst nach einer Stunde Kochzeit in

---

* In der ABC-Schützen-Klasse bringt der Herr Lehrer nur mit Mühe dem Huber Micherl bei, daß der Beistrich nicht »Sauschwanzl« heißt, wie der Micherl immer sagt, sondern: Komma! Am nächsten Tag fehlt der Bub. Als er wiederkommt, fragt ihn der Lehrer, warum er gestern nicht zur Schule gekommen sei. Da meint Micherl: »Mir ham dahoam a Sau abg'stocha, und da hab' i 's Komma halten müssen!«

den Sud. Damit man eine ziemlich klare Suppe erhält, soll man nicht stark aufkochen, sondern nur leise dahinbrodeln lassen. Sobald sich das Fleisch von den Knochen leicht ablösen ließe (was man nicht tut), schmeckt man die abgeseihte Brühe ab und läßt sie so weit erkalten, daß man die oben sich bildenden Fettaugen abschöpfen kann (sofern man will).

Die Knöcherl und Fleischteile gibt man nun in tiefe Suppenteller und gießt die Brühe darüber, bis sie bedeckt sind. Garniert wird mit Zwiebelringen und Petersilie.

Ausgelöste Knöcherlsulz

Viele Leute mögen das Knöcherlfieseln bei Tisch nicht, zu dem man oftmals die Finger hernehmen muß. Aber solch »foinen« Menschen kann geholfen werden. Wenn die Zutaten nämlich lange genug gekocht haben (s. Rezept Knöcherlsulz), löst sich das Fleisch leicht von den Knochen, was man in diesem Fall besorgt. Man übergießt also nur die ausgelösten Fleischteile mit der Brühe!

Bratensulz

Die Brühe hierzu wird genauso gewonnen wie bei der Knöcherlsulz (s. diese). Da man aber in diesem Fall die für den Sud benötigten Fleisch- und Knochenteile nicht essen will, braucht man hier nicht unbedingt solche Liebhaber-Bissen wie Rüssel oder Schwanzl mitkochen. Dafür lieber einen Kalbsfuß oder Schwarten. Wer eine ganz klare Sulz erhalten möchte, soll die Brühe nach dem Entfetten noch einmal erwärmen, halbsteifgeschlagenen Schnee von zwei Eiweiß und eine fein zerriebene Eierschale darunterrühren, kurz aufkochen lassen und dann kurz zugedeckt kalt stellen. Jetzt hat sich oben eine Eihaut gebildet, die ziemlich alle Unreinigkeiten an sich gezogen hat. Man schöpft sie ab und sieht dann darunter schon die klare Brühe. Mit ihr übergießt man nun die im Suppenteller angerichteten Bratenteile und Beilagen wie Scheiben von Eiern, Essiggurken und Tomaten, Zwiebelringe und ein Sträußel Petersilie.

Fleisch- oder Tellersulz

Sie wird genauso zubereitet wie Knöcherlsulz. Allerdings kocht man ein Stück Schweinernes mit, das dann, auf Suppenteller verteilt, mit der Sulzbrühe übergossen wird. Beilagen und Verzierungen wie bei der Bratensulz.

Fränkischer gefüllter Gansbraten

1 Gans (bratfertig)   *1 aufgeweichte Semmel*
100 g Fett   *1 Eßlöffel Stärkemehl*
Salz, Pfeffer   *1 Schuß Frankenwein (weiß)*

Fülle:
400 g durchwachsenes   *Zwiebel in Scheiben*
Schweinefleisch   *kleingehackte Petersilie*
Leber, Herz und Magen   *2 Eier*
der Gans   *Muskat*

Als erstes bereitet man die Fülle. Dazu dreht man das Schweinefleisch, die Innereien der Gans und das Brot durch den Fleischwolf. Dann gibt man die Masse in eine Pfanne zu den in Fett angedünsteten Zwiebelscheiben, schlägt die Eier daran, gibt die Petersilie dazu, würzt mit Salz, Pfeffer und Muskat, rührt alles durcheinander und läßt es etwa 5 Minuten anbraten. Mit dieser Masse wird die Gans gefüllt, die man dann zubindet oder zusteckt.

Die Gans setzt man in der Bratrein in etwas heißem Fett oder heißem Wasser zu (schwere Bauerngänse brauchen kein Fett, sie sind in dieser Beziehung Selbstversorger). Die Bratzeit im Rohr beträgt zwei bis zweieinhalb Stunden. Man soll mindestens alle Viertelstunden mit Wasser aufgießen, bei den letzten 10 Minuten der Bratzeit die Soße mit etwas Stärkemehl binden und noch einen Schuß herben Frankenwein dazugeben.

Dazu schmecken Fränkische »halbseidene« Knödel!

37

Gesottene Gans

1 Gans	3 Stangen Porree
Salz, Pfeffer	1 Zwiebel, halbiert
3 gelbe Rüben	

Oft habe ich an niederbayerischen Stammtischen von jener sagenhaften »gesottenen Gans« gehört, die weitaus besser schmekken soll als eine gebratene, und die Suppe dazu, ja »dagegen is a Hennasuppen a Abspülwasser«. Geglaubt habe ich davon kein Wort. Vorsichtshalber fragte ich eine renommierte Regensburger Köchin danach, und diese meinte: »Eine Gans sieden, das ist ja ein Witz! Ja, wer tut denn so was?« Die Rottaler Bauern aber tun das!

Beim »Senftl« in der Nähe von Rotthalmünster haben sie jedes Jahr an die hundert Gäns. Die sind nicht eingesperrt, werden auch nicht gemästet, aber sie bekommen ihr gutes Futter. In der Hauptsache Erdäpfel. Und weil's bei hundert Gänsen auf eine wahrlich nicht zusammengeht, hat mich der Bauer eingeladen. Zur Gesottenen!

Die Arbeit hat natürlich die Bäuerin gehabt: Erst mal die Gans einfangen, schlachten, rupfen, ausnehmen, den Kragen abschneiden und das gruserlgelbe Fett herausnehmen. Denn so eine niederbayerische Gans wiegt gut und gern an die fuchzehn Pfund und ist kein so ein rachitischer Fabrikvogel, wie man sie auf den Wochenmärkten oft sieht. Das Fett einer Bauerngans wird ausgelassen, weil man sich das Gansschmalz für andere Gerichte aufhebt, und den Kragen und die Innereien braucht man extra fürs »Gansjung«. Das übrige ist schnell erzählt:

Die Gans wird mit Salz und Pfeffer eingerieben und wie ein Suppenhuhn in heißem Wasser zugesetzt. Gelbe Rüben und Porree werden für die Suppe dazugetan und dann noch zwei Zwiebelhälften, deren Schnittflächen auf der Herdplatte angeröstet wurden. Die Gans braucht drei Stunden, bis sie »durch« ist.

Beim »Senftl« hat's dazu gegeben: Wirsing und Karfiol (Blumenkohl) und Leberknödel zur Suppe. Diese Suppe hat's »in sich«. Die Bauern sagen, sie sei eine »falsche« Suppen. Falsch im Sinne von betrügerisch, weil sie weder raucht noch dampft und mit ihren Fettaugen ganz ruhig den Esser anblinzelt, dadurch vergißt er meistens, sie über dem Löffel zu blasen. Und dann ist's schon passiert. Man hat sich »den Fotz verbrennt« (niederbayerisch für »eine Brandblase auf den Lippen«). Dieses Lehrgeld muß man nun als Neuling einmal zahlen. Aber wer's weiß und vorsichtig ist, genießt ein echtes bayerisches Schmankerl.

Nicht alle Leute haben daheim einen so großen Tiegel, in den eine Gans paßt. Darum mein Rat: Probieren Sie es doch mit einer halben. Und die können Sie nochmals teilen! Wenn das Fleisch nicht besser schmecken täte wie das vom Suppenhuhn, ja, dann wär die Gans kein besonderer Vogel!

Gansjung

1 Gansjung	etwas Zitronenschale
125 g Fett	1 Lorbeerblatt
3 Eßlöffel Mehl	6 Pfefferkörner
1/8 l Essig	Salz
1 Zwiebel mit Nelken besteckt	

Unter Gansjung versteht man die Innereien des Tieres, also Herz, Magen und Leber (nicht Lunge), ferner den Kragen mit Kopf, die Flügel und die Füße (ohne Zehen). Vom Kopf werden die Augen ausgestochen und der Schnabel weggehackt, vom Magen die Haut abgezogen. Das Gansjung wird mit den Gewürzen in Wasser zugesetzt – wer will, kann auch noch gehacktes Suppengrün mitkochen. Nach etwa einer Stunde Kochzeit läßt sich das Fleisch von den Knochen lösen. Man zerteilt es nun in Eßportionen und schneidet Herz und Magen in Stücke. Den Sud seiht man ab. Nun bereitet man aus Butter und Mehl eine gelbe bis braune Einbrenne, gießt mit dem Gansjungsud auf, legt das Fleisch wieder hinein und läßt das Ganze noch bei kleinem Feuer eine Viertelstunde ziehen. Wenn das Blut der Gans aufgefangen wurde, gehört es ebenfalls zum Jung. Und dazu ißt man natürlich Semmelknödel.

Tauben in Stachelbeer-Pfeffersoße

3–4 junge Tauben
Fett
Salz

Für die Soße:
Stachelbeeren
Zucker
Schuß Weinbrand

Schuß Weißwein
Bratensaft oder Brühe

Butter
1 kleine feingehackte Zwiebel
grüne Pfefferkörner
süßer Rahm

Wenn die Tauben gerupft, ausgenommen und gesäubert sind, werden sie leicht gesalzen und in einer Kasserolle allseitig in heißem Fett angebraten. Anschließend läßt man sie, mit etwas Weißwein abgelöscht, unter Zusatz von etwas Bratensaft oder Brühe dünsten.

Inzwischen werden die Stachelbeeren halbiert, leicht gezuckert und mit dem Weinbrand mariniert.

Wenn die Tauben gar sind, dünstet man in einer Pfanne feingehackte Zwiebel in Butter glasig und rührt grüne Pfefferkörner darein. Dann werden die marinierten Stachelbeeren diesem Ansatz beigegeben und zusammen mit den Pfefferkörnern und Zwiebeln abgeschwenkt. Das Ganze wird mit etwas Rahm übergossen und unter Beigabe des Schmoransatzes der Tauben leicht eingeköchelt, bis die Soße etwas gebunden wirkt.

Die gedünsteten und halbierten Tauben werden in die so gewonnene Soße eingelegt, ebenfalls leicht übergossen und in der Pfanne serviert. Dieses attraktive Gericht kann man sich während der Beerensaison in Augsburg in den »Sieben-Schwaben-Stuben« servieren lassen.

Schußzeit

Jetzt geht 's Wild auf

Als der Prinzregent Luitpolt von Bayern einmal auf der Jagd einen Bock »fehlte«, also nicht traf, fragte er seinen Begleiter, den Jagerloisl: »Was meinst, was sich jetzt der Bock denkt hat, wie die Kugel an ihm vorbeigepfiffen ist?« Darauf hat der Loisl einmal tief 'runterg'schluckt und ganz verlegen, weil er halt g'fragt war, geantwortet: »Dös trau i mir net sagen, Königliche Hoheit!« Heut schießen (und fehlen) nicht nur mehr Hoch-, Mittel- und Geld-Adelige auf der Jagd, heut darf jeder mit der Büchs' in den Wald gehen, der die Jägerprüfung bestanden hat. Aber die ist nicht leicht! Da sind schon ganz Prominente durchgefallen! Und »umgedrehte« Wilderer sind gleich durchgekommen. Aber die haben ja eine jahrzehntelange Praxis hinter sich gehabt.

Aufbruch von Hirsch oder Reh

1 Leber	*6 mittelgroße Äpfel*
1 Herz	*Salz, Pfeffer*
Butterschmalz	*etwas Rahm (süß oder sauer)*
2 Zwiebeln	*1 Eßlöffel Butter*

Die Leber häuten und mit dem Herzen feinstreifig schneiden. Im Tiegel werden Zwiebelringe in viel Butterschmalz weichgedünstet und dann als erstes das in Streifen geschnittene Herz darein verrührt und der Tiegel zugedeckt. Nach etwa zehn Minuten gibt man die Leberschnitten hinzu und läßt weiterdämpfen. Jetzt hat man Zeit, einige Äpfel zu schälen und zu schnitzeln. Sie werden dem Aufbruch beigegeben und verrührt. Danach dünstet das Gericht zehn Minuten zugedeckt. Damit es nicht anbraten kann, sollte man Butter bereithalten. Zum Schluß der Garzeit schüttet man noch eine halbe Tasse Rotwein in den Aufbruch, läßt noch einmal aufkochen, nimmt ihn vom Feuer und rührt noch etwas Rahm unter das Gericht. Erst ganz zum Schluß wird mit Salz und Pfeffer gewürzt, damit die Leber nicht hart wird.
Hasenherz und -leber kann man auf die gleiche Weise zubereiten. Allerdings ist hier die Garzeit kürzer.

Gamsbraten (5 Personen)

4 Pfund Gamskeule oder -schulter

Für die Beize:

2 l Wasser	*2 gelbe Rüben*
1/8 l Weinessig	*1/4 Knolle Sellerie*
1/4 l Rotwein	*2 Lorbeerblätter*
1 geviertelte Zwiebel,	*10 Wacholderbeeren*
jedes Viertel mit einer Nelke	*Schale einer halben Zitrone*
besteckt	

Zum Braten:

100 g Fett	*Sellerie und Petersilie*
125 g Speckwürfel oder	*3 Eßlöffel Mehl*
geräuchertes Wammerl	*2 Eßlöffel Preiselbeeren*
1 gehackte Zwiebel	*1/8 l Rotwein*
Wurzelwerk aus gelber Rübe,	*1/4 l saurer Rahm*

Aus den obengenannten Zutaten wird die Beize langsam eine Stunde gekocht und dann abgekühlt. Erst dann kommen der Rotwein und das Fleisch hinzu. Bei jüngeren Tieren bleibt das Fleisch zwei bis drei Tage in der Beize, bei älteren fünf Tage. Das Fleisch wird im Tiegel in Fett gut angebraten, herausgenommen und warm gestellt. Im selben Tiegel läßt man Speckwürfel (oder vom geräucherten Wammerl) aus, dünstet darin die gehackte Zwiebel, gibt das blättrig geschnittene Wurzelwerk dazu, dann das Fleisch, gießt mit 1 Liter der Beizflüssigkeit auf und gart die Gams, bis das Fleisch weich ist. Die Soße bindet man mit Mehl. Zum Abschmecken benötigt man Preiselbeeren, Rotwein und sauren Rahm.

Dazu serviert man Kräuterknödel (Semmelknödel mit Kräutern der Saison, z.B. Schnittlauch, Petersilie) und Blaukraut.

Hasenrücken mit Schwammerlsoße (2–3 Personen)

1 gespickter Hasenrücken	*1 Stamperl Weinbrand*
100 g Pflanzenfett	*1/4 Tasse Rotwein*
1/4 l Gulaschsoße	*1 Scheibe Ananas*
100 g Reherl	*1/2 Mandarine*
100 g Champignons	*2 Birnenhälften*
1/2 gehackte Zwiebel	*1 Eßlöffel Preiselbeeren*
1 Eßlöffel süßer Rahm	

Daß man auch einen Hasen in die Pfanne hauen kann, wer hätte das gedacht? Im Gasthof »Würzburger Hofbräu« in Kitzingen tut es der Küchenmeister, und mit Erfolg.

Der Hasenrücken wird in der Pfanne auf der gespickten Seite zwei Minuten in heißem Fett angebraten und dann umgedreht. Das Fett darf nur so heiß sein, daß es nicht raucht. Fünfzehn Minuten wird nun der Hase ständig mit einem Löffel mit dem Fett aus der Pfanne übergossen. Dann nimmt man den Rücken heraus und stellt ihn warm, denn bevor er weiter bearbeitet wird, muß man mit der Herstellung der Soße beginnen.

Die Schwammerl werden jetzt mit der Zwiebel in etwas Butter ungefähr 7 Minuten gedünstet. Dann gibt man sie in das heiße Bratenfett, dazu die Gulaschsoße und läßt alles ein wenig einkochen. Damit die Soße sämig wird, gibt man zum Schluß noch etwas süßen Rahm hinzu, rundet mit Weinbrand und Rotwein ab und läßt noch einmal aufkochen.

Der Hasenrücken wird vom Knochen gelöst, das Fleisch in Stücke geschnitten und wieder auf den Knochen aufgesetzt. So kann man den Rücken als scheinbar Ganzes servieren. Zur Verzierung nimmt man eine Scheibe Ananas und einige Mandarinenspalten. Bei den Birnenhälften höhlt man das Kernhaus aus, füllt es mit Preiselbeeren und legt sie dazu. Zu diesem Gericht schmecken besonders selbstgemachte Spätzle, die mit der Schwammerlsoße gut harmonieren.

Hasenragout

Man verwendet dazu die Innereien, Bauchlappen mit Rippen, Kopf, Hals und Vorderläufe, soweit vorhanden auch noch das Hasenblut.

Beize:

½ Stange Porree	*Salz, Pfeffer*
1 gelbe Rübe	*40 g Fett*
6 Pfefferkörner	*1 Zwiebel*
6 Wacholderbeeren	*30–40 g Mehl*
1 Zwiebel	*3 Eßlöffel Rahm (sauer)*
2–3 Nelken	*1 Eßlöffel Johannisbeer- oder*
1 l Essigwasser	*Preiselbeermarmelade*

Aus den erstgenannten Zutaten bereitet man eine kalte Beize, in die man die zurechtgehackten und geschnittenen Hasenteile legt. Bei jungen Hasen soll das Fleisch zwei Tage gebeizt werden, ältere Tiere läßt man länger darin liegen. Das Essigwasser besteht aus 3 Teilen Wasser und einem Teil Essig.

Nach dem Beizen werden die Fleischteile abgetrocknet, gesalzen und gepfeffert und in heißem Fett scharf angebraten. Dann gibt man sämtliche Beizzutaten und eine halbierte frische Zwiebel dazu und läßt alles eine gute Stunde zugedeckt dünsten, wobei man nach und nach mit der Beizflüssigkeit aufgießt.

Nach einer Stunde wird das Ragout mit Mehl gestaubt, verrührt und mit dem Rest der Beizflüssigkeit aufgegossen. Es soll noch eine Viertelstunde leicht kochen. Danach schaltet man die Ofenhitze zurück, verrührt das Gericht mit einem Eßlöffel sauren Rahm und verfeinert noch mit etwas Johannisbeer- oder Preiselbeermarmelade.

Falls man das Hasenblut zur Verfügung hat, so vermischt man es mit etwas Essig und gibt es unter Rühren mit dem Rahm ans Ragout.

Gebratener Hasenrücken und -schlegel

Den Hasenrücken und die Schlegel (Hinterläufe) kann man zusammen braten; jedoch kommen die Schlegel eine Viertelstunde früher ins Rohr, weil das Muskelfleisch der Hinterläufe eben diese Zeit länger braucht, bis es durch ist. Dafür muß man bei den Schlegeln die Haut nicht abziehen, was beim Hasenrücken unbedingt erforderlich ist.

1 Hase	*½ Stange Porree*
Salz	*1 gelbe Rübe*
Pfeffer	*2 Butter-Mehl-Kugeln*
hellgeräucherter Speck	*Wasser oder Fleischbrühe*
in Streifen	*½ Tasse Rotwein*
Butter	*etwas Rahm (süß oder sauer)*
2 Zwiebeln	

Das Fleisch wird gesalzen und gepfeffert, rundherum mit einer Spicknadel mit hellgeräuchertem Speck sorgfältig gespickt und in der Rein mit zerlassener Butter übergossen. Nach etwa einer

Stunde Bratzeit im Rohr gibt man Viertelstücke von zwei Zwiebeln, eine halbe Stange Porree und eine gelbe Rübe in Scheiben dazu. Dann formt man aus Mehl und Butter zwei Kugeln (etwa so groß wie eine Daumenkuppe) und gibt sie nacheinander (Zwischenabstand etwa zehn Minuten) in die Bratrein. So wird die Soße allmählich leicht gebunden. Gelegentlich muß man nach Bedarf mit Wasser oder Fleischbrühe aufgießen. Zum Schluß mit etwas Rotwein. Der Hase braucht etwa 90 bis 100 Minuten, bis er gar ist. Kurz bevor er fertig ist, bestreicht man das Fleisch noch mit Rahm (süß oder sauer ist Geschmackssache), schaltet die Ofenhitze zurück und läßt den Rahm »einziehen«.

Hasenpastete (Rezept aus der Hofküche)

1 Packung Blätterteig	1 Ei
oder Mürbteig aus:	Salz, Muskat
½ Pfund Mehl	geriebener Zitronenschale
100 g Butter	etwas Rahm
gespickter Hasenziemer	½ Pfund fettes Schweine-
(-rücken)	hackfleisch
Speck	1 Semmel
2 dicke Vierkantstreifen	1 Ei
von zartem Schinken oder	Zwiebel
geräucherter Zunge	etwas Knoblauch
	Salz, Pfeffer

Der aus Mehl, Butter, Ei, Gewürzen und Rahm geknetete, pikante Mürbteig oder gekaufter Blätterteig wird in eine gut gefettete Kastenform so gelegt, daß zum Zudecken Teigteile überstehen. Dann löst man vom eingebeizten und gespickten Hasenziemer die Filets rechts und links des Rückgrates und auch die Fleischstücke unterhalb des Ziemers ab und legt sie wieder zu einem langen Bratenstück zusammen. Dann verknetet man das Hackfleisch mit der milchgeweichten und ausgedrückten Semmel, dem Ei, etwas geriebener Zwiebel, Knoblauch, Salz und Pfeffer sehr gut und bindig. Man gibt nach Belieben auch noch etwas Suppenwürze und Senf daran. Mit dieser Masse füttert man den Teig aus, legt dann das Hasenfleisch mit den Schinken- oder Zungenstreifen hinein und füllt wieder mit Fleischmasse auf und gießt etwas erwärmte Butter darüber. Zuletzt macht man die Form mit dem überstehenden Teig zu, legt einige Streifen darüber, bestreicht den Teig mit Eidotter und bäckt die Pastete im Rohr zuerst zugedeckt und dann offen 60 bis 70 Minuten gar. Sie kann warm oder kalt aufgetragen werden.

Stallhase auf Wildart

Wenn Ihnen einmal ein Jäger zu dick mit seinem Latein kommt, dann laden Sie ihn zu einem »Wildhasengericht« ein. Er wird nicht merken, daß Sie einen Stallhasen geschlachtet und serviert haben. Stallhasen sind das ganze Jahr über zu haben.

Man zerlegt den Stallhasen in die später benötigten Portionsstücke, reibt das Fleisch mit Salz und Pfeffer ein, tränkt ein Leinentuch mit Essig und umwickelt das aufeinandergelegte Fleisch damit. Dann legt man es in ein Steingutgefäß und läßt es fünf Tage »suren« (pökeln). Das ursprünglich weiße und süßliche Fleisch verfärbt sich nun ins Rötliche und nimmt »Wildgeschmack« an. Ab jetzt verfährt man wie mit jedem beliebigen Wildhasenrezept. Ein »falsches Hasenrezept« aus Oberfranken:

1 Hasenrücken und Schlegel	*6 Wacholderbeeren*
50 g Fett	*Spritzer Essig*
3 Eßlöffel sauren Rahm	*1 Teelöffel Zucker*
½ Zwiebel mit 3 Nelken	*Mehl*
besteckt	*Schuß Rotwein*
1 Lorbeerblatt	

Die gesurten Bratenteile (Rücken, 2 Schlegel) werden in der Rein auf beiden Seiten gut angebraten und mit zwei Eßlöffeln saurem Rahm übergossen. Sobald der Rahm braun ist, kommen die Gewürze, ein Spritzer Essig und ein gehäufter Teelöffel Zucker hinzu. Diese Zutaten läßt man ein paar Minuten dünsten, dann löscht man mit heißer Brühe ab und schiebt den Braten ins Rohr. Er muß immer wieder aufgegossen werden. Sobald das Fleisch weich ist, dickt man die Soße noch mit ein wenig Mehl, einem Eßlöffel saurem Rahm und einem Schuß Rotwein ein.

Wildente mit Pomeranzensoße

Wahrscheinlich hat ein hagelbucherner bayerischer Ritter die ersten Pomeranzen von seinem Kreuzzug mitgebracht. Von da an waren sie das ganze späte Mittelalter hindurch eine beliebte Küchenzutat und Tafelzier. Drum hat auch unsere Wildente Pomeranzenschalen in der Soße.

1 junge Wildente	Salz, Pfeffer, Muskat
1 Semmel	Thymian
30–40 g Butter, 1 Ei	Speckscheiben
2 Eßlöffel geriebene Mandeln	2 Eßlöffel geriebenen Meer-
2 Pomeranzen (Orangen)	rettich
½ Zitrone	2 Likörgläser Grand Marnier

Die Wildente wird innen mit Salz und Pfeffer, außen nur mit Salz eingerieben. Dann bereitet man aus der eingeweichten und ausgedrückten Semmel, der gerührten Butter, den Eiern, den Mandeln, etwas geriebener Orangen- und Zitronenschale, Salz, Pfeffer und Thymian eine würzige Fülle, die man in den Vogel gibt. Er wird zugenäht und unter häufigem Begießen goldbraun gebraten. Dann legt man ihn im ganzen oder gefällig tranchiert auf Kartoffelbrei, der mit Salz, Muskat und geriebenem Meerrettich abgeschmeckt wurde. In die Soße gibt man schmale Streifen von Orangenschale, die man eine Weile mitkocht, damit sie schön gar werden. Zuletzt schmeckt man mit Grand Marnier und Pfeffer rasant süß-scharf ab.

Fasan auf Maronikraut

1 junger Fasan	Walnüsse
1–2 Semmeln	Salz, Pfeffer, Muskat
1 Zitrone	½ Apfel
Petersilkraut	Speckscheiben
etwas Zwiebel	Sauerkraut
Butter	½ Pfund Maroni
2 Eier	Zitronensaft
2–3 Eßlöffel geriebene	Zucker

Der sauber gereinigte Fasan wird innen gesalzen. Für die Fülle weicht man die Semmeln in Milch ein, drückt sie aus und ver-

Gamsbraten, Rezept Seite 43 ▷

rührt sie mit Butter, geriebener Zitronenschale, Petersilgrün, Salz, Pfeffer, Muskat, den Eiern, etwas Paprika und feinen Apfelwürfeln. Zuletzt gibt man noch die in etwas Butter angeschmorte Zwiebel dazu. Mit dieser Mischung füllt man den Fasan. Dann wird er auch außen mit Salz und Pfeffer eingerieben, in große Speckscheiben eingebunden und je nach Größe und Zartheit 45 bis 60 Minuten gebraten. Man nimmt den Speck ab, bräunt den Vogel bei großer Hitze noch 10 bis 15 Minuten nach und schneidet den Speck in kleine Streifen.

Für das Sauerkraut röstet man die Maroni kurz vor, schält sie, entfernt auch die weiße Innenhaut und kocht sie in Salzwasser nahezu gar. Dann gibt man sie in das Kraut, das mit Zitronensaft und einer guten Prise Zucker abgeschmeckt wird. Man richtet den Fasan auf dem Kraut an und legt die Speckstreifen außen herum.

Rebhühner in Sauerkraut

3–4 *Rebhühner*	*feingewiegte Leber und Herzen*
100 g *Speck*	100 g *Butter*
Salz, Pfeffer, Muskat	*Wurzelwerk (gelbe Rübe,*
1–2 *Semmeln in Milch*	*Sellerie, Petersilie)*
eingeweicht	¼ l *Fleischbrühe*
Sauerkraut	1 *Eßlöffel saurer Rahm*
1 *Zwiebel*	1 *Stamperl klarer Schnaps*
1 *Scheibe Leberpreßsack*	*Weintrauben und Brombeeren*

Junge Rebhühner erkennt man an den gelben bis bräunlichen Füßen; alte Tiere haben schiefergraue, harte Füße und eignen sich nicht mehr zum Braten. – Die einige Tage im Federkleid abgehängten Rebhühner werden gerupft, ausgenommen, mit Salz, Pfeffer und Muskat eingerieben, gefüllt und bratfertig gemacht, indem man den Kopf unter einen Flügel steckt. Statt sie zu spikken werden die Rebhühner mit dünnen Speckstreifen eingebunden. Die Fülle besteht aus in Milch eingeweichten Semmeln, den feingewiegten Innereien und Gewürzen wie oben genannt. Nun werden die Rebhühner in heißer Butter auf beiden Seiten 20 Minuten angebraten. Dann nimmt man sie heraus, stellt sie warm

◁ *Gesottene Gans, Rezept Seite 38*

und gibt in dieselbe Pfanne etwas Wurzelwerk, röstet es an und gießt mit Fleischbrühe auf. Jetzt kommen die Rebhühner wieder dazu und werden etwa eine Stunde lang fertiggegart, wobei man sie immer wieder mit der Soße übergießt.

In einem Topf kocht man feingeschnittenes Sauerkraut, eine gehackte Zwiebel und eine Scheibe Leberpreßsack unter öfterem Umrühren etwa eine Dreiviertelstunde lang durch. Dann gibt man ein Stamperl Schnaps und einen Eßlöffel Rahm dazu.

Zum Anrichten kommt das Kraut auf eine Platte, die Rebhühner werden daraufgesetzt, und das Ganze wird mit leicht angekochten Weintrauben und Brombeeren verziert.

Wildschwein gebraten

Bei diesem Rezept soll man nur Fleisch von Frischlingen verwenden; solches von älteren Tieren legt man besser in Beize.

2 Pfund Rücken oder Schlegel	etwas Sellerie
Salz, Pfeffer	2 Wacholderbeeren
80 g Butter	1 dicke Zitronenscheibe
1 Zwiebel	3 Eßlöffel saurer Rahm
1 gelbe Rübe	1 Teelöffel Stärkemehl
1/2 Stange Porree	1 Glas Rotwein
1 Petersilwurzel	

Zum Wildschweinsbraten wird die Schwarte abgezogen, dann das Fleisch gesalzen und gepfeffert. Der Rücken braucht nicht gespickt zu werden, beim Schlegel kann man es machen. Das Fleisch wird in heißem Fett mit Zwiebelringen, gehacktem Porree, Sellerie und Petersilie angebraten. Zur Verfeinerung des Geschmacks und der Farbe kann man ein Stück Brotrinde beigeben, wenn man will. Dann werden die abgeschälte Zitronenscheibe, zwei Eßlöffel saurer Rahm, die Wacholderbeeren und ein Schuß Wasser dazugegeben und alles im Rohr etwa eineinhalb Stunden gebraten. Damit man viel und dennoch eine gute Soße erhält, muß man des öfteren aufgießen. Gegen Ende der Bratzeit wird das Stärkemehl mit einem Eßlöffel sauren Rahm verrührt und damit die Soße gebunden und mit Rotwein abgeschmeckt.

Würscht

Dem Freistaat gebührt eine Extra-Wurscht

Würscht heißen in Bayern die Würste, weil wir ungern ein »st« aussprechen. Aber bleiben wir bei der Schreibe. In Deutschland gibt es 1500 Wurstsorten. Welches Geheimnis sich unter der Wursthaut verbirgt, das wissen meistens bloß die Metzger, die in natürliche oder synthetische Därme rohes oder gekochtes Fleisch gefüllt haben, das je nach Rezept gehackt, gemixt, gewürzt oder sonstwie zubereitet wurde. Dabei darf aber nicht nach Belieben »gewurstelt« werden, denn die Zusammensetzung eines bestimmten mit Namen versehenen »Darminhaltes« ist gesetzlich geregelt. Dennoch schmeckt die Salami vom Maier-Metzger anders als die vom Huber. Warum? Da müssen Sie schon den Maier oder den Huber selber fragen. Meistens liegt es an der Würze.

Die Hausfrau, wenn sie nicht gerade eine Metzgersgattin ist, verfügt wohl kaum über Maschinen, wie sie in einer Wurstküche stehen. Darum sollte man das Würstlmachen auch wirklich den Fachleuten überlassen. Mit einer großen Ausnahme. Das sind die Hausmacher-Würste. Da weiß man halt, was drin ist. Die Blut- und Leberwürste nach der Hausschlachtung zum Beispiel, die Bratwürstl, den Preßsack. Ja, sogar einen Leberkäs kann man sich selber machen. Mit ihm wollen wir den Rezeptteil »Wurstologie« beginnen, denn der Leberkäs ist eine typisch bayerische »Extra-Wurscht«, ohne Leber und ohne Käs.

Leberkäs

1 ½ Pfund Schweinefleisch	(1 Ei)
½ Pfund Rindfleisch	(1 Eßlöffel Mehl)
½ Pfund Speck	¼–½ l lauwarmes Wasser
Salz	Butter zum Ausstreichen
8 g Macisblüte	der Form
8 g Pfeffer	1 kleine Zwiebel

Rindfleisch und Schweinernes werden gewürfelt und zweimal durch die feine Scheibe des Wolfs gedreht. Den Speck braucht man nur einmal die grobe Scheibe der Fleischmaschine passieren lassen. Man kann ihn aber auch mit dem Messer würfeln. Das durchgedrehte Rindfleisch wird nun auf dem Nudelbrett mit beiden Handflächen etwa eine Viertelstunde zu einem feinen Brät gedrückt (mit den Händflächen »rühren«). Wer sich diese Arbeit ersparen will, kauft gleich beim Metzger ein fertiges Rindsbrät. Das sehr gute Verarbeiten der Fleischmasse ist nämlich die Hauptsache am Leberkäs! Das Brät vermengt man nun kräftig mit dem Speck, dem Schweinefleisch und den Gewürzen. Wer ein Ei und etwas Mehl dazugibt, macht keinen Fehler. Beim Durchkneten des Teiges wird jeweils soviel lauwarmes Wasser hinzugeschüttet, wie die Masse aufnehmen kann (es darf nicht davonrinnen). Dann streicht man eine Bratrein gut mit Butter aus, belegt den Boden mit Zwiebelringen oder gehackten Zwiebeln, gibt den Teig hinein, streicht ihn glatt und bepinselt ihn mit Wasser. Der Leberkäs wird im Rohr bei 180 bis 200 Grad $^3/_4$ bis eine Stunde gebraten.

Blut- und Leberwürst

Die zwei gehören zusammen wie Max und Moritz. Sie müssen miteinander sterben und sind auch miteinander auf die Welt gekommen. Ihre Mutter ist eine geborene Saukopf, vom Vater haben sie ihr gutes Herz. Hausgemachte Blut- und Leberwürste sind eine Delikatesse. Vom Metzger holt man sich:

½ Saukopf	*¼ Schweinslunge*
1 Schweinsherz	*½ l Schweinsblut*
½ Schweinsleber	*Därme zum Füllen*
Zum Sud braucht man:	*1 Lorbeerblatt*
1 Zwiebel mit Nelken	*einige Wacholderbeeren*
5 Pfefferkörner, Salz	*Wasser*

Den halben Saukopf läßt man sich vom Metzger so zerkleinern, daß man ihn zu Hause auch in den Tiegel bringt. Er wird mit den oben angegebenen Sudzutaten weichgekocht. Das Wasser soll das Fleisch gut bedecken. Die Zwiebel zerschneidet man in Hälften und steckt in jede zwei rasse Nagerl. Sobald das Fleisch weich ist (nach ca. 1 ½ bis 2 Stunden), nimmt man es aus dem Sud und löst es vom Knochen. Den Sud braucht man später noch.

In einem anderen Tiegel kocht man die Innereien in Salzwasser, und zwar das Herz eine Stunde lang, die Lunge ½ Stunde und die Leber 10 Minuten. Dieses Kochwasser schüttet man weg oder hebt es sich auf zum Dampfbad für das Schweineblut. Ein kleines Stückchen Leber behält man roh.

Nun schneidet man auf dem Brett das Fleisch und die Innereien in Stücke, so daß man sie leicht in den Fleischwolf geben kann. Ein Teil des fetten Fleisches und der Schwarte wird in feine Würfel geflockt, die man für die Blutwurst braucht.

Leberwurst

Zur Würze: ½ *Zwiebel*
Majoran   *Salz, Pfeffer*

Das Fleisch, das Herz, die gekochte und die rohe Leber dreht man mit einer halben Zwiebel durch den Wolf. Diesen Teig übergießt man in einer Schüssel mit so viel (noch warmem) Sud, daß es eine ziemlich dicke Suppe ergibt. Abgeschmeckt wird mit viel Majoran, etwas Pfeffer und Salz. Nun wird in Därme abgefüllt (Trichter) und zu beliebig großen Würsten abgebunden. Sie müssen 20 Minuten ziehen, nicht kochen!

Blutwurst

Zur Würze:
½ *Zwiebel*   *Thymian*
Salz, Pfeffer   *Majoran*

In der Schüssel werden verrührt: die durch den Wolf mit einer halben Zwiebel gedrehte Lunge, die Speckwürfel, drei Teile (im Wasserbad erwärmtes) Blut und ein Teil der Fleischbrühe (Sud). Man würzt mit Thymian, viel Pfeffer, ein bißchen Majoran und Salz. Der Teig soll dünnflüssiger sein als bei der Leberwurst. Nach dem Abfüllen in Därme und dem Abbinden kommen die Blutwürste in kochendes Wasser, das man aber dann sofort vom Feuer wegnimmt. Dann läßt man sie eine halbe Stunde nur noch bei 80 Grad ziehen.

Weißer und schwarzer Preßsack

Auch diese beiden gehören in einem Atemzug genannt, wie die Blut- und Leberwürscht. An Schlachttagen ist ja alles da, Kopffleisch, Stichfleisch, Wammerl, Blut. Weil aber die Großstadtmetzger nicht mehr selbst schlachten, ist vor allem an den roten Lebenssaft einer Sau schwer dranzukommen. Den kriegt man nur auf Vorbestellung.

Weißer Preßsack

½ Saukopf (mit Ohrwaschl)	*Salz*
1 Pfund Wammerl	*Essig*
2 Schweinsfüaßl	
Zum Sud:	*Wacholderbeeren*
2–3 Zwiebeln	*2 Lorbeerblätter*
Pfefferkörner	*Salz*

Das Fleisch wird mit den Sudzutaten gekocht, bis es sich leicht von den Knochen lösen läßt. Dann schneidet man es in Würfel oder in Streifen. Die Schwarten löst man ab und dreht sie durch den Wolf. Auch das Ohr und das von Füaßln ausgelöste Fleisch kommt durch die Maschine. Das gibt eine gute Bindung.

In der Schüssel mischt man alles zusammen, gießt die erforderliche Brühe darüber und schmeckt mit Salz und klarem Essig ab (weitere Gewürze ganz nach Belieben). Der Fleischteig darf ruhig etwas suppig sein; die Flüssigkeit sulzt sich ja später.

Gut gemischt füllt man die Masse nun mit dem Schöpflöffel in Pergament- oder Kunststoffdärme, bindet ab und läßt bei 80 Grad zwei Stunden ziehen. Dann werden die Preßsäcke einige Stunden auf ein Brett gelegt und öfter gewendet, damit sich nicht einseitig Fett oder Flüssigkeit absetzen kann.

Schwarzer Preßsack (Blutpreßsack)

Er wird genauso zubereitet wie weißer Preßsack (siehe diesen). Die Sudzutaten sind die gleichen, ebenso das Fleisch. Lediglich als »Suppe« verwendet man einen Teil der Brühe und drei Teile Blut. Gewürzt wird mit Salz, viel Pfeffer und etwas Thymian. Auf gar keinen Fall darf Essig verwendet werden!

Altbayerische Milzwurst

1 Kalbsmilz	250 g mageres Schweinefleisch
1 Kalbsbries	1 Kalbsnetz
250 g Kalbsleber	Salz, Pfeffer
250 g Kalbfleisch von der	2 gehackte Zwiebeln
Schulter	2 Bund gehackte Petersilie

Dieses Gericht nennt man auch »Gefüllte Milz«, denn mit der landläufigen Milzwurst beim Metzger und im Gasthaus (Brätteig, in dem Schweinemilz eingebraten wurde), hat sie wirklich nichts zu tun. Wer sich die Milzwurst nach diesem Rezept selbst herstellen will, braucht Beziehungen zum Metzger, denn die Zutaten gibt's nicht alle Tage. Das Bries zum Beispiel wächst nur am Schlund eines Saugkalbes (Kalb im Alter von 6 bis 8 Wochen), und wann wird ein solches schon geschlachtet?

Die Milz ist ein längliches Gebilde, die bei dieser Wurst nur als Art Naturdarm dient. Mit einem Querschnitt am oberen Ende und einem Längsschnitt innen wird eine Tasche daraus geformt. Bries, Leber und Fleisch werden in Scheiben und diese dann in dünne Streifen geschnitten.

Dann wird das Kalbsnetz ausgebreitet und die Streifen nebeneinander daraufgelegt, und zwar abwechselnd, also ein Briesstreifen, einer vom Kalbfleisch, einer von der Leber und ein Schweinefleischstreifen usw.

Das Ganze wird gesalzen und gepfeffert, Petersilie und Zwiebeln werden darüber verteilt, und nun rollt man das Netz der Länge nach zusammen zu einer Wurst, die in die Milztasche paßt. Die Rolle wird so in die Milz gestülpt, daß das Innere der Milztasche nach außen kommt, also die Milz umgedreht wird. Das Ende bindet man zu und läßt die gefüllte Milz zwei Stunden bei 90 Grad in einer Knochenbrühe ziehen.

Hat man eine größere Zahl von Gästen, so schneidet man die Wurst in Scheiben, drückt diese wieder zusammen, so daß beim Servieren optisch der Eindruck einer ganzen Wurst entsteht. Die altbayerische Milzwurst schmeckt herrlich zur aufgeschmalzenen Brotsuppe.

Fisch

»Die besten Bayern sind die Flüchtlinge«

Felchen aus dem Bodensee bei Lindau oder Renken aus dem Chiemsee rechnen ihre Liebhaber zu den besten Fischen, die sich in bayerischen Gewässern tummeln. Dabei sind es eigentlich ihrer Abstammung nach geflüchtete Heringe, denen das Salzwasser nicht mehr geschmeckt hat. Aber selbst im süßen Gewässer halten sich zum Beispiel die Blaufelchen vom Bodensee besonders gern im bayerischen Hoheitsgebiet auf. Ja, wir sind schon ein Land!

Nicht nur in den Seen, auch in unseren Flüssen fischelt es ganz schön. Drum kommt in Bayern auch oft Fisch auf den Tisch. Es geht ja auch kaum etwas über eine frische Gebirgsbachforelle, einen gebackenen Karpfen aus dem Aischgrund, einen Donauwaller oder über unsere Edelfische, wie Hecht und Zander, wenn sie ihrer Eigenart gemäß zubereitet werden. Die weniger Adeligen unter ihnen erkennt man bei den Fischen nicht am blauen Blut, sondern an den vielen Gräten. Deshalb sind sie nicht weniger schmackhaft. Ein echter bayerischer Steckerlfisch ist keine Makrele, sondern ein Aiterl, ein Rotäugerl oder sonst ein Weißfisch. Aus ihnen lassen sich auch pikante Fischwürstl oder Pf(l)anzl machen.

Wir sind gar nicht so, daß wir nicht auch Seefische essen würden, aber das, was uns südlich des Mains angeboten wird, ist uns schon lieber!

Bierkarpfen

1 Karpfen (ca. 2 Pfund)	1 gelbe Rübe
1 Zwiebel	1 Scheibe Sellerie
50 g Butter	1 Petersilwurzel
20 g Mehl	6 Pfefferkörner, Salz
½ l Bier	Karpfenblut in Essigwasser

Für dieses Rezept braucht man das Karpfenblut. Viel von dem roten Lebenssaft hat er ja nicht in sich, dieser dicke Kaltblüter; meist kann man aus ihm nicht mehr herausholen, als man Milch für eine Tasse Kaffee braucht. Man muß das Blut sogleich mit etwas Essigwasser verdünnen, damit es nicht gerinnt (ein Eßlöffel Essig und zwei Eßlöffel Wasser genügen). Den Karpfen zerteilt man in Portionsstücke oder halbiert ihn der Länge nach. Dann dünstet man in einer Kasserolle feingehackte Zwiebeln in Butter weich, stäubt Mehl darüber (oder Lebkuchenbrösel), löscht mit dunklem Bier ab und läßt wieder aufkochen, wobei man das feinblättrig geschnittene Wurzelwerk und die Pfefferkörner dazugibt. In den Kochsud gießt man nun das mit Essigwasser verdünnte Karpfenblut und legt die Portionsstücke des Fisches dazu. In etwa einer Viertelstunde ist der Karpfen durchgegart, wobei immer wieder mit der Soße übergossen werden muß.

Waller in Rahmsoße

2 Pfund Waller	*1 Zitrone, Muskat*
Salzwasser	*Pfeffer*
1 Glas Weißwein (1/8 l)	*Prise Zucker*
1/2 Tasse Rahm	*Butter*
reichlich Petersilkraut	

Der Waller wird in eine gebutterte Rein gelegt, dann übergießt man ihn mit 1 Glas Weißwein und 1/2 Tasse Rahm, bestreut mit etwas Salz, Pfeffer, Muskat, reichlich gehackter Petersilie, ein wenig geriebener Zitronenschale und einer Prise Zucker und träufelt etwas Zitronensaft darüber. Der Fisch wird im Rohr langsam gar gedämpft und mit Salzkartoffeln aufgetragen.

Blaufelchen aus dem Bodensee

Je nach Größe 3–4 Blaufelchen	*Petersilgrün oder Dill*
etwas Mehl	*eventuell 1 gehackte Zwiebel*
Butter	*Backfett*

In die vorbereiteten Felchen füllt man reichlich feingehacktes Petersilkraut und nach Belieben auch ein wenig gehackte Zwiebel ein und bestreut sie mit Salz und Pfeffer. Dann werden sie gemehlt und in genug Butter auf beiden Seiten goldbraun gebraten. Man streut noch einmal frisches Petersilkraut oder Dill darüber.

Chiemsee-Renken

2–3 Renken
4–6 Tomaten
reichlich Petersilgrün
ein Stückchen Sellerie
in Streifen geschnitten

½ Zitrone
2 gelbe Rüben in Scheibchen
Salz, Pfeffer
Backfett

In eine mit Butter ausgeschmierte Rein gibt man die vorbereiteten Renken. In einem Topf schmort man nun die geschälten und halbierten, leicht ausgedrückten und dann in Würfelchen geschnittenen Tomaten in etwas Butter an, fügt den in schmale Streifchen geschnittenen Sellerie und die gelben Rüben sowie das gehackte Petersilkraut hinzu, Salz und Pfeffer und läßt die ganze Masse kurz durchschmoren. Dann gießt man sie über die Fische, deckt sie mit einem Stück Alufolie oder Pergamentpapier zu und läßt sie im Rohr ungefähr 20 Minuten durchgaren. Dann gießt man dicken sauren Rahm darüber, der noch leicht bräunen soll. Der Fisch wird gleich in der Form aufgetragen.

Forellen mit Johannisbeer-Rahmkren

Johannisbeeren
Zucker
Kren (Meerrettich)

⅛ l Schlagrahm
2 geräucherte Forellen

Von den gewaschenen und abgezupften Johannisbeeren nimmt man etwa ein Drittel oder auch die Hälfte, gibt sie in eine Schüssel und zerdrückt die Beeren mit einer Gabel. Dieses gewonnene Fruchtmark wird leicht gezuckert und gut verrührt. Dann wird je nach Geschmack und Schärfe die gleiche Menge an geriebenem Kren dazugegeben und mit geschlagenem, ungezuckertem Rahm vermengt. Die restlichen ganzen Beeren werden unter die so gewonnene Masse gezogen und zwischen zwei geräucherten und enthäuteten Forellenfilets auf einem Salatblatt angerichtet. Zur besseren Optik streut man oben darauf noch einige Johannisbeeren. Wer nach der Beerenzeit auf dieses Schmankerl nicht verzichten will, kann statt der Johannisbeeren auch Preiselbeerkonfitüre verwenden.

Fischpudding

2 Pfund Weißfische	1 Zitrone
3–4 Eßlöffel Semmelbrösel	50 g Lachsschnitzel
2–3 Eier	Pfeffer, Muskat, Petersilie
100 g Butter oder Speckwürfel	

Das Fischfleisch (beliebige Weißfische ohne Haut, Kopf und Hauptgräten) wird zweimal durch den Wolf gedreht. Das zerkleinert die Nebengräten so, daß sie nicht mühsam entfernt werden müssen. Dann rührt man die Butter mit den Eidottern oder gibt nur die Speckwürferl, geriebene Zitronenschale, die zerkleinerten Lachsschnitzel, viel gehackte Petersilie, Pfeffer, Muskat und Zitronensaft dazu. Salz ist meist nicht mehr nötig, da der Speck und der Lachs genug enthalten. Jedenfalls muß man mit dem Salzen vorsichtig sein. Die sehr gut abgeschlagene Fischmasse wird mit den Semmelbröseln und zuletzt mit dem steifen Eischnee versehen und in eine gut gefettete Puddingform gefüllt. Diese wird 1 Stunde im Wasserbad gekocht. Man stürzt diesen sehr feinen Pudding und gibt eine Tomaten- oder Kapern-, Kräuter- oder Senfsoße und Salzkartoffeln dazu.

Hechtknödel

1 Pfund Hechtfleisch	3 Bund Petersilie
125 g Kalbfleisch	Mehlpomade aus
2–3 kleine Zwiebeln	¼ l Wasser
3 Eßlöffel saurer Rahm	80 g Butter
2 Eier	150 g Mehl

Das rohe Hechtfleisch wird entgrätet und würfelig geschnitten, das Kalbfleisch in Streifen. In der Pfanne schwitzt man zwei bis drei kleingehackte Zwiebeln an, gibt sie mit dem Fischfleisch in eine Schüssel, schlägt zwei Eier darüber und verrührt alles mit saurem Rahm. Nach Belieben kann man auch noch ein wenig salzen und pfeffern, das ist aber nicht nötig.
Dann werden drei Bund Petersilie feingehackt und ausgepreßt. Sowohl der Saft daraus als auch das verbliebene Petersilkraut kommen nun zu den obigen Zutaten in die Schüssel.
Jetzt bereitet man gesondert aus dem Wasser, der Butter und

dem Mehl eine sogenannte Mehlpomade. Das heißt: Wasser und Butter werden aufgekocht und mit dem Mehl verrührt. Die fertige Pomade wird dann der übrigen Masse hinzugefügt und alles zusammen zweimal durch den Fleischwolf gedreht. Aus diesem Teig sticht man nun mit dem Eßlöffel Knödel ab und läßt sie sechs Minuten in Salzwasser ziehen.

Fischknödel

1 Pfund Fischfleisch	*Pfeffer*
4 Semmeln	*Muskat*
½ Zwiebel	*Schale von ¼ Zitrone*
Petersilie	*Saft von ½ Zitrone*
Salz	*1 Kaffeelöffel Mehl*

Etwa 500 g entgrätetes Fischfilet treibt man mit den eingeweichten und ausgedrückten Semmeln, einer halben Zwiebel und reichlich Petersilie durch die feine Scheibe des Wolfs (falls man grätenreiche Weißfische wie Rotaugen, Aitel oder dergleichen verwenden will, muß man das nur grob entgrätete Fischfleisch zweimal durch die feine Scheibe geben). Die Masse wird mit Salz, Pfeffer, Muskat, etwas geriebener Zitronenschale sowie Zitronensaft sehr pikant gewürzt. Wenn man sie tüchtig durchknetet, wird sie bindig genug und braucht kein Ei. (Man kann aber eines dazugeben!) Dann fügt man einen Kaffeelöffel Mehl hinzu, formt Knödel und läßt sie in leicht ziehendem Salzwasser gar werden. Die fertigen Fischknödel werden in einer Schüssel angerichtet und teilweise mit leuchtend roter, pikant abgeschmeckter Tomatensoße (notfalls heißem Tomaten-Ketchup) übergossen.

Zamkocht's

Hin und wieder geht's drunter und drüber

»Zamkocht's«, für Auswärtige: Zusammengekochtes. Das sind alles Speisen, die schlecht einzuordnen sind und daher genau nach Bayern passen. Aber gemeinsam in einem Tiegel, da fühlen sie sich wohl. So eine Mischmasch-Kost kennen auch andere Volksstämme. Die sächsische Hausfrau zum Beispiel kocht ihr »Leipziger Allerlei« aus Erbsen, gelben Rüben, Spargel, Blumenkohl, Pilzen und Bohnen zusammen, die Schlesierin erblickt ihr kulinarisches »Himmelreich« in einem Gemisch aus Backobst und Geräuchertem. In einer Hamburger Aalsuppe schwimmt nicht nur der Fisch. Er teilt die Suppenschüssel mit gezuckerten Birnen, grünen Erbsen, Bohnenkraut und Suppengrün.

1944 lernte ich in Stettin einen Rheinländer kennen, dessen Namen ich mir gemerkt habe. Er hieß van Dongen, offenbar holländischer Abstammung. Dem sah ich zu, wie er sich ein Barrasbrot salzte, drauf dick Sirup schmierte, darüber Salamischeiben legte und – dieses aß! Das war mein unheimlichstes Kriegserlebnis, und daher ist mir auch der Name des Täters nicht entfallen. Das bayerische Zamkochte, hochoffiziell auch »Eintopf« genannt, paßt zusammen, auch wenn man's oft gar nicht für möglich halten möchte. Meist handelt es sich um ein Gemisch aus Fleisch und Gemüse, Kartoffeln oder Nudeln, und je nachdem, wie der Kalender steht, kann die Hausfrau mehr Fleisch hineingeben oder muß sich mit den Kartoffeln begnügen. Das Zamkochte, früher eigentlich ein »Arme-Leute-Essen«, schmeckt merkwürdigerweise immer wieder gut.

Pichelsteiner

Wer dieses Gericht erfunden hat, darum streiten sich heute noch zwei Gemeinden im Bayerischen Wald: die Stadt Regen und das Dorf Büchelstein. Die Regener können urkundlich nachweisen, bereits zum hundertsten Male ein Pichelsteinerfest – das größte Volksfest im Bayerischen Wald – abgehalten zu haben; die Bü-

Pichelsteiner, Rezept siehe oben ▷

chelsteiner verweisen auf ihren Ortsnamen. So ißt man zur jeweiligen Festeszeit in Büchelstein einen »Büchelsteiner« und in Regen einen Pichelsteiner. Aber es ist dasselbe. Das Gericht war früher im Bayerischen Wald ein »Arme-Leute-Essen«, aus Erdäpfeln, Gemüse und übriggebliebenen Fleischresten. Heut kennt man Pichelsteiner auf der ganzen Welt. Das »Nationalgericht« des Bayerischen Waldes hat es zum internationalen Schmankerl gebracht. Nach folgendem Rezept gelingt es immer gut:

3–4 Markknochen (Kalb, Rind)	*2 Stangen Porree*
½ Pfund Rindfleisch	*1 kleine Sellerieknolle*
½ Pfund Schweinefleisch	*1 Petersilwurzel*
½ Pfund Kalbfleisch	*1 Strauß Petersilkraut*
2 Zwiebeln	*1–2 Blatt Maggikraut*
1½–2 Pfund Kartoffeln	*(Liebstöckl)*
2–3 gelbe Rüben	*Salz, Pfeffer*

Die Hauptarbeit bei diesem Gericht ist die Vorbereitung. Hernach geht's schnell. Drum tut man gut daran, wenn man sich ein paar Teller und Schüsseln bereitstellt, in die man die Zutaten gesondert legt, damit man sie beim Einrichten in den Tiegel gleich zur Hand hat. Zum Beispiel:
In eine Untertasse kommen die kleingehackten Zwiebeln.
Das Fleisch schneidet man in mundgerechte Stücke, legt sie auf Teller, trennt aber die drei Fleischsorten.
Die geschälten rohen Kartoffeln werden in etwa 1½ cm dicke Scheiben geschnitten, dann halbiert oder geviertelt und in eine Schüssel mit kaltem Wasser gelegt. Da hinein kommen auch die ganz fein geschnittenen gelben Rüben. Auch Porree, Sellerie und Petersilwurzel werden, grobgehackt auf einem Teller ebenso bereitgestellt wie das Salzbüchserl und ein Haferl mit warmem Wasser. Das gehackte Petersilkraut, die zerrupften Maggikrautblätter und den Pfeffer braucht man erst zu Ende der Garzeit.
Jetzt an die Zubereitung: In einem Tiegel zerläßt man das aus den Knochen gekratzte Mark und dünstet darin die Zwiebeln glasig. Darauf legt man die erste Schicht Kartoffeln mit gelben Rüben, salzt, streut eine Lage Wurzelwerk mit Grünzeug (Porree, Sellerie, Petersilwurzel) darüber und legt die Rindfleischwürfel ein.

◁ *Ochsenschwanzragout, Rezept Seite 29*

Dann gießt man mit so viel warmem Wasser auf, daß das Fleisch davon noch nicht erreicht wird.

In dieser Reihenfolge richtet man nun die Zutaten weiter ein; als zweites Fleisch kommt das Schweinerne, obenauf das Kalbfleisch. Man hebt sich so viele Kartoffeln auf, daß sie den Abschluß bilden können. Jetzt gießt man gut dreiviertel voll mit warmem Wasser und läßt 10 Minuten bei offenem Topf gut durchkochen. Dann wird zugedeckt. Der Inhalt muß jetzt nur noch 50 Minuten lang leise dahinbrodeln. Erst in den letzten fünf Garminuten rührt man das Gemisch durch, schmeckt mit Pfeffer, Petersilgrün und Liebstöckl ab, gießt, wenn nötig, noch Wasser hinzu und läßt noch einmal, aber ganz kurz, aufkochen. Wer absolut sicher sein will, daß das Fleisch nicht ausgelaugt wird, also gut saftig bleibt, kann die Fleischwürfel vor dem Einlegen in einer Pfanne allseits kurz anbraten und den Bratsaft dazugießen.

Allgäuer Krautkopf (4–6 Personen)

1 Krautkopf

Für die Fülle:	*400 g Schweinefleisch*
200 g Zwiebeln	*3 Semmeln in Milch*
200 g Petersilkraut	*300 g Kalbsbrät*
75 g Butter	*3 Eier*
350 g mageres Rindfleisch	*Salz, Pfeffer*
300 g Schinkenscheiben	*Alufolie*
100 g Emmentalerscheiben	

Vom Krautkopf wird der Strunk entfernt, dann der Kopf 20 Minuten in heißem Salzwasser blanchiert. Damit er nicht auseinanderfallen kann, bindet man ihn über Kreuz ein.

In der Pfanne dünstet man gehackte Zwiebeln und Petersilie in Butter. Dann werden Rindfleisch, Schweinefleisch, die eingeweichten Semmeln und das gedünstete Grünzeug durch den Wolf gedreht und zum Kalbsbrät gegeben. Unter dieses Hackgemenge mischt man nun drei Eier, verrührt alles gut und würzt mit Salz und Pfeffer.

Eine mehr hohe als breite Schüssel wird innen mit Fett bepinselt und dann mit drei bis fünf Blättern des Krautkopfes und zwei bis drei Schinkenscheiben ausgelegt. Da hinein streicht man nun die Hälfte der Fülle und verteilt sie gleichmäßig (auch nach oben streichen!). Die so gewonnene neue Mulde wird wieder mit Krautblättern und Schinkenscheiben ausgelegt, dann kommt der Rest des Teiges dazu. Die überhängenden Krautblätter werden darübergeschlagen und die ganze Oberseite mit Alufolie abgedeckt. Nun stellt man die Schüssel in ein heißes Wasserbad und läßt 2½ Stunden garen.

Danach stürzt man den Inhalt auf einen Porzellanteller, belegt den Krautkopf mit dem übriggebliebenen Schinken und den Emmentalerscheiben. Das Gericht wird jetzt noch bei guter Oberhitze kurz im Rohr überbacken, bis der Käs geschmolzen ist.

Oberpfälzer Fleischstrudel

200 g Mehl	*½ l dicke Sauerbratensoße*
3 Eier	*Semmelbrösel*
¼ l Milch	*1 Ei zum Panieren*
Backfett	*Salz, Pfeffer*
300 g mageres Kalb- oder	*Majoran*
Schweinefleisch (auch Reste,	*Knoblauch*
am besten gemischt)	*Petersilkraut*

Mehl, Eier, Salz und Milch verarbeitet man zu einem dünnflüssigen Pfannkuchenteig und backt vier Pfannkuchen daraus. Dann wird das Fleisch durch den Wolf gedreht. Man mischt die braune Soße (notfalls aus einem Würfel bereitet und gesäuert) und die Gewürze darunter und läßt die Masse einmal aufkochen. Nach dem Erkalten streicht man sie auf die Pfannkuchen, rollt diese zusammen und wälzt die Rollen in Ei und Semmelbröseln. Diese gefüllten Pfannkuchen werden einmal in der Mitte auseinandergeschnitten und in Fett schwimmend goldbraun gebacken. Dazu reicht man Kopfsalat.

Gefülltes Fasten-Sauerkraut

2 Pfund Sauerkraut	etwas Butter
300 g filetierter Hecht	Schweineschmalz
200 g filetierte grüne	Mehl
Heringe	1 Zitrone
160 g Krebsschwänzel oder	Salz
Scampi	Pfeffer, Wacholderbeeren
1 Tasse Semmelbrösel	1–2 Teelöffel Worcestersoße
1/4–1/2 l saurer Rahm	

Zuerst Sauerkraut mit etwas Schweineschmalz und Wacholderbeeren kochen. Dann werden Hecht und Heringe in 1 cm dicke Streifen geschnitten und mit Salz, Pfeffer, Zitronensaft und Worcestersoße gewürzt, mit Mehl bestäubt und mit den Krebsschwänzen oder Scampi zusammen in Butter kurz angebraten. Die Semmelbrösel werden in Butter goldgelb geröstet.

In eine Kasserolle gibt man nun eine Schicht Semmelbrösel, etwas Sauerkraut, etwas Rahm, wieder Semmelbrösel, die Fische und fährt mit Sauerkraut, Fisch, Rahm und Semmelbröseln fort, bis der Topf voll ist und die Zutaten verbraucht sind. Man bäckt das Kraut gut 15 Minuten im Rohr aus und serviert es im Topf.

Schwammerlpichelsteiner

3–4 Markknochen	1 kleine gelbe Rübe
1 Zwiebel	1 Stange Porree
1/2 Pfund Reherl (Pfifferlinge)	1/4 Sellerieknolle
1/2 Pfund Rotkappen	Salz
1/2 Pfund Steinpilze	Petersilie
1 Pfund Kartoffeln	Wasser oder Fleischbrühe

Dies ist ein Eintopfgericht wie das Pichelsteiner; nur daß man anstelle von Fleisch Schwammerl verwendet. Die Pilze schneidet man nicht so fein wie etwa zur Schwammerlsuppe oder zum Gemüse, sondern in mundgerechte Stücke wie Fleisch zum Pichelsteiner.

Im Topf wird das Knochenmark ausgelassen und die feingehackte Zwiebel darin gedünstet; darauf kommt die erste Lage von gewürfelten Kartoffeln, vermischt mit grobgewiegtem Wurzelwerk und Grünzeug (gelbe Rübe, Porree, Sellerie). Nach dem Salzen legt man die erste Schicht Schwammerl ein, und zwar die Reherl. Nun füllt man den Topf lagenweise wie bei Pichelsteiner (Seite 64 f. beschrieben) auf. Es ist gleichgültig, ob man zuerst die Rotkappen oder die Steinpilze hernimmt oder sie vermischt. Obendarauf kommen Kartoffeln. Man gießt mit heißem Wasser oder Brühe den Topf etwa dreiviertel voll und kocht das Gericht bei mäßiger Hitze etwa 20 Minuten. Dann rührt man die feingehackte Petersilie darunter und serviert. Wer will, kann sein Schwammerlpichelsteiner auf dem Teller noch pfeffern.

Dieses Gericht kann man mit allen nur möglichen Mischpilzen zubereiten; es empfiehlt sich aber, den Reherln den Platz in der Nähe des Topfbodens zu gönnen, damit sie die größte Hitze mitbekommen. Sie sind nämlich die zähesten unter den Schwammerln.

Schwäbische Krautkrapfen

Zum Nudelteig:

300 g Mehl	*2 Eier*
Prise Salz	*3–4 Eßlöffel Wasser*

Zur Fülle:

750 g gedünstetes Sauerkraut	*150 g gekochtes geräuchertes*
Fett, 1/8 l Fleischbrühe	*Wammerl in Würfeln*

Auf dem Nudelbrett bereitet man aus Mehl, Eiern, Salz und Wasser einen Teig, den man nach dem Kneten eine halbe Stunde ruhen läßt. Dann rollt man ihn zu dünnen Fladen aus und belegt sie mit feingeschnittenem, schon gedünstetem und ausgedrücktem Sauerkraut und in kleine Würfel geschnittenem Wammerlfleisch. Die Teigflecke werden wie Strudel zusammengerollt, davon etwa 5 cm lange Stücke abgeschnitten und diese aufrecht (also mit der Schnittfläche oben) in einen Tiegel oder in eine ausgefettete Bratrein geschlichtet. Man läßt die Krautkrapfen kurz anbraten und gart sie bei Mittelhitze eine halbe Stunde entweder im Rohr oder zugedeckt auf dem Herd. Dabei muß man gelegentlich mit heißer Fleischbrühe aufgießen.

Kartoffelsuppe mit Wurstbrüh

Das ist etwas ganz Besonderes, kann aber natürlich nur nach dem Schlachten zubereitet werden.

1–2 l fette Wurstbrühe	*etwas Sellerie- oder*
1–2 Pfund Kartoffeln	*Petersilwurzel*
1–2 gelbe Rüben	*Majoran, Salz*

Die rohen Kartoffelschnitze, die gelben Rüben, Sellerie und Petersilwurzeln werden in der frischen Wurstbrühe weich gekocht, dann durch ein Sieb gedrückt. Man würzt mit reichlich Majoran, notfalls noch etwas Salz und gibt nach Belieben frische Petersilie daran. Diese fette und gehaltvolle Suppe ist mit Brezn eine ganze Mahlzeit.

Zukost

Die bayerische Weltkugel geht im Sieden auf und unter

Bayerische Knödel haben schon einmal einen Krieg gewonnen, wenn auch nur einen ganz kleinen. Das war zur Zeit der Hussiten. Da belagerte ein Häuflein von ihnen die niederbayerische Stadt Deggendorf. Als denen da drinnen die Kugeln ausgegangen waren, schossen sie mit ihren hartgewordenen Knödeln auf den Feind. Als dieser die Deggendorfer Wunderwaffe am eigenen Leib verspürte, zog er sich entsetzt zurück. So dumm waren damals die Hussiten! Aber zu ihrer Ehrenrettung sei angeführt, daß sie als Böhmen längliche Knödel gewohnt waren und somit die bayerische National-Zukost schier für Kanonenkugeln halten mußten.

Bayerische Knödel sind eine runde Sache. Wenn sie auch in Franken Klöß oder Klüiß heißen, immer sind diese Teigkugeln gemeint, die im Sieden auf- und untergehen. Knödel können eine Hauptspeise sein, aber meistens stehen sie doch neben dem Bratl. Eine Zukost also, genauso wie verschiedene Kartoffelspeisen, die im folgenden Kapitel vorkommen. Denn von Kartoffeln allein werden die wenigsten Bayern satt.

Chronistenpflicht ist es, an dieser Stelle auf die Rottaler »G'wichsten« hinzuweisen, die nicht im Rezeptteil aufgenommen wurden, weil diese kleinen Knödel lediglich aus Roggenmehl, Salz und Wasser bestehen und so schlüpfrig sind, daß nur Eingeweihte sie mit der Gabel anstechen können. Im Magen liegen sie schwer wie Steine. Sie gab's früher während der Ernte, als diese Arbeit noch eine wahre Schinderei war. Aber sie hielten vor, bis das letzte Fuder Habern eingefahren war. Wenn man einen G'wichsten über's Hausdach geworfen hat, dann ist er wieder zurückgekommen. Das hat noch kein Tennisball fertiggebracht.

Niederbayerische Teigknödel

8–10 Scheiben Schwarzbrot   200 g Mehl
3 Eier   Salz
knapp ½ l Milch

Man sagt auch Brotknödel dazu. In der Hallertau sind sie vor allem daheim. Dort gibt's auch noch Bauern, die selbst Brot bakken. Aus gutem Bauernbrot gelingen und schmecken diese Knödel besonders gut. Das Brot wird in kleine Würfel geschnitten, die man unter den Teig aus Mehl, Eiern und Milch knetet. Abgeschmeckt wird nur mit Salz. Die Knödel müssen 20 Minuten in heißem Salzwasser ziehen.

Böhmischer Knödel

5 alte gewürfelte Semmeln   3 Eier
70 g Butter   Prise Salz
100 g Mehl   Prise Muskat
⅛ l Milch   1 Messerspitze Backpulver

Die Semmeln sollen zumindest vom Vortag sein, damit man sie in kleine Würfel schneiden kann. Anschließend werden sie in Butter geröstet. Dann rührt man das Mehl mit der Milch glatt, fügt die Eier hinzu und würzt mit Salz und Muskat. Daran gibt man die Brotwürfel und eine Messerspitze Backpulver, verknetet die Masse und formt einen länglichen laibartigen Knödel, den man einige Minuten quellen läßt. Danach muß der Böhmische Knödel auf einem Brett gemehlt werden oder man wälzt ihn in Semmelbröseln, bevor er 25 bis 30 Minuten in Salzwasser gekocht wird. Er wird vorsichtig aus dem Kochwasser genommen und mit dem Bindfaden in gut hausbrotdicke Scheiben geschnitten. Zu Gulasch und fettem Braten paßt er besonders gut. Man kann auch die Semmelwürfel vorher in Butter mit Petersilie und gehackter Zwiebel anrösten.

Böhmischer Hefe-Semmelknödel

1 Pfund Mehl   Prise Salz
2 Eier   ¼–½ l Milch
25 g Hefe   5 gewürfelte alte Semmeln

Aus Mehl, Hefe, Milch, Eiern und Salz bereitet man einen Hefeteig, der gut abgeschlagen und nach Zugabe der Semmelwürfel zugedeckt an einen zugfreien Ort eine halbe Stunde warm gestellt wird. Daraus formt man 2 bis 3 längliche Knödel und läßt sie eine Viertelstunde in heißem Salzwasser ziehen. Die fertigen Knödel werden mit Bindfaden in Scheiben geschnitten.

Hochzeitsknödel

50 g Butter oder Schweinefett	150 g geriebenen Emmentaler Käse
3–4 Eier	150 g feingehacktes, ausgedrücktes
Prise Salz	Sauerkraut
Prise Muskat	5–6 alte Semmeln in kleinen
150 g geräuchertes Wammerl	Würfeln
in kleinen Würfeln	etwas geriebene Zitronenschale

Eier, Fett und Gewürz werden schaumig gerührt; dann gibt man die Fleischwürfel, den Käse, das Kraut und die Semmelwürfel dazu. Der Teig wird erst mit dem Kochlöffel, dann mit der Hand gut vermengt, rund gedrückt, in eine nasse Serviette gewickelt, locker zugebunden und 25 bis 30 Minuten in Salzwasser gekocht. Vor dem Servieren wird der Knödel oben mit zwei Gabeln etwas aufgerissen. Da hinein setzt man eine Tomate und übergießt das Ganze mit zerlassener brauner Butter.

»Kaasballala«

Wer kein Oberpfälzer ist, ißt sie zwar ebensogern (wenn er sie kriegt), aber er kann sie nicht aussprechen. Übersetzen müßte man »Käsebällchen«, aber das trifft nicht den Wortsinn. Denn erstens ist kein Käse drin (wie im Leberkäs keine Leber) und zweitens schauen die »Bällchen« aus, als wenn sie links und rechts eine vom Cassius Clay »erwischt« hätten, also plattgedrückt. Zu gekochtem Sauerkraut schmecken sie besonders gut.

Knödelbrot von 8 Semmeln	Salz, Pfeffer, Muskat
½ l Milch	375 g Mager-Topfen
3 Eier	Schweineschmalz

In einer Schüssel übergießt man das Knödelbrot mit der Milch, knetet gut durch und läßt die Milch fünf Minuten gut einziehen. Dann mischt man die Eier darunter, den Mager-Topfen und die Gewürze und vermengt alles zu einem Teig. Mit nassen Händen werden daraus zunächst mittelgroße Knödel gedreht, die man dann in die Form von Fleischpf(l)anzeln zusammendrückt. Die Kaasballala werden in der Pfanne in heißem Schweineschmalz auf beiden Seiten schön goldbraun herausgebacken.

Tiroler Speckknödel

8 alte Semmeln	*Salz, Pfeffer*
100 g geräucherter Speck	*Muskat*
½ Zwiebel	*¼ l Milch*
etwas Petersilkraut	*150 g gekochtes, geräuchertes*
2 Eier	*Wammerl*
100 g Mehl	*Salzwasser*

In der Pfanne läßt man feingewürfelten Räucherspeck aus und dünstet darin gehackte Zwiebeln und Petersilkraut an. Dann gibt man die in kleine Würfel geschnittenen Semmeln (oder Weißbrotscheiben) hinzu und läßt sie knusprig braun werden. In der Schüssel rührt man nun aus Milch, Mehl, Eiern und den Gewürzen einen Teig. In diesen gibt man nun die Brotbröckerl mitsamt den in der Pfanne verbliebenen Fettgrieben, vermengt das in Würfel geschnittene Wammerl damit und formt Knödel daraus. Diese müssen in kochendes Salzwasser gelegt werden. Sie sollen zuerst fünf Minuten sprudeln, dann 10 Minuten ziehen.

Bayerische Leberknödel

8 alte Semmeln	*50 g Fett (Butter oder Knochen-*
(Knödelbrot)	*mark oder Nierenfett)*
¼–½ l Milch	*1 Kochlöffel Mehl*
etwas gewiegte Zitronenschale	*Prise Salz*
Petersilie	*½ Pfund Leber*
1 kleine Zwiebel	*2 Eier*

Man besorgt sich beim Bäcker Knödelbrot oder schneidet selbst Semmeln in kleine, dünne Scheiben, die man mit kochender Milch überbrüht und sofort zudeckt, damit auch der Dampf das

Brot durchweicht. Dann wird die Leber gewiegt oder durch den Wolf gedreht. Inzwischen röstet man etwas geriebene Zitronenschale, Petersilie und Zwiebel in Fett an und gibt sie mit der Leber, den Eiern, dem Mehl und einer Prise Salz an den Semmelteig. Alles wird locker durchgearbeitet; dann werden mit nassen Händen runde, gleichmäßige Knödel geformt. Wenn der Teig zu trocken ist, gießt man noch etwas heiße Milch daran; hat man ihn aber verschüttet, d. h. ist er zu dünn, so wird er mit Semmelbröseln wieder fester gemacht. Die Knödel werden zuerst in kochendem Wasser einmal aufgekocht und dann zum Ziehen 20 Minuten beiseite gestellt. Wenn sie fertig sind, übergießt man sie mit Fleischbrühe und reicht sie im Suppenteller oder zu Speck und Sauerkraut.

»Gröimkniedla« (Oberpfälzer Griebenknödel)

Knödelbrot von 8 Semmeln	*Salz, Pfeffer, Muskat*
½ l Milch	*150 g Grieben*
3 Eier	*Schweineschmalz*

In der Oberpfalz soll man mit den Namen der Gerichte als Uneingeweihter vorsichtig sein. Erstens muß man bei den »Gröim« wissen, daß damit Grieben gemeint sind, das sind die Überreste von ausgelassenem Schweinespeck. Zweitens sind diese »Kniedla« nicht knödelrund, sondern nockerlförmig.

Bei der Zubereitung weicht man das Knödelbrot mit Milch ein, läßt es fünf Minuten ruhen, mengt dann die Eier und die Gewürze darunter und bereitet so einen Knödelteig. Daraus formt man mit flachen Händen gut handtellergroße, etwa bleistiftdicke Fleck, gibt in die Mitte einen Eßlöffel Grieben, faltet den Fleck zusammen und drückt die Ränder an. Die Grieben sollen locker eingewickelt und nicht in den Teig gepreßt sein. Nun werden die nockerlförmigen Teigtaschen in viel zerlassenem Schweinefett nebeneinander in eine Bratreine geschichtet und im Rohr etwa 30 Minuten bei 180 bis 200 Grad gebacken. Wenn sie oben schön goldbraun werden, sind sie fertig.

Gebackene Milzknödel

3 alte Semmeln
150 g Rindsmilz
1 Ei
⅛ l Milch
Prise Salz
Prise Pfeffer

Majoran
Zitronenschale
1 Knoblauchzehe
Semmelbrösel
Backfett

Die Semmeln werden aufgeschnitten. Dann schabt man die Milz aus der Haut oder treibt kleingeschnittene Milzstücke durch den Fleischwolf. In diese Masse schlägt man das Ei, gießt die Milch darüber, würzt mit Salz, Pfeffer, Majoran, geriebener Zitronenschale und der mit Salz feinzerdrückten Knoblauchzehe. Daran gibt man die aufgeschnittenen Semmeln (Knödelbrot), läßt sie weich werden und bindet die Masse mit 2 bis 3 Eßlöffeln Semmelbrösel. Nun werden Knödel geformt, die man im Fett schwimmend einige Minuten goldgelb bäckt; dann kocht man sie in einer guten Fleischbrühe gar. Wenn man sich das Backen ersparen will, genügt es auch, die gedrehten Knödel nur in Salzwasser oder in einer Rindssuppe zu kochen.

Kartoffelknödel (Hausrezept aus Mainfranken)

1 Pfund rohe Kartoffeln
350 g gekochte Kartoffeln
2 Eier
1 Eidotter

Salz
Muskat
angeröstete Hausbrotwürfel
aus etwa 2 Scheiben Brot

Die rohen geschälten Kartoffeln werden gerieben und ausgepreßt. Den verbliebenen Saft sollte man eine Weile beiseitestellen, bis sich Stärkemehl abgesetzt hat, das man später für den Teig noch braucht. Die geriebenen Kartoffeln werden dann mit zwei Eiern verrührt.

Die gekochten Kartoffeln preßt man noch heiß durch ein Sieb und vermengt sie, wenn sie kalt sind, mit einem Eidotter.

Dann werden die beiden Teige zusammengemischt, Salz, Muskat und das abgesetzte Stärkemehl aus dem Saft der rohen Kartoffeln hinzugefügt und Knödel geformt, in deren Mitte man ein paar angeröstete Hausbrotwürfel »einbaut.«

Kren-Kartoffelknödel

3 Pfund rohe Kartoffeln   *Salz, Muskat*
1 Pfund gekochte Kartoffeln   *2–3 Eßlöffel Kren*
¼ l heiße Milch

Zunächst bereitet man auf die übliche Weise den Kartoffelknö-
delteig (allerdings ohne geröstete Semmelwürfel), also rohe Kartoffeln in Essigwasser reiben, abdrücken, die abgesetzte Stärke
wieder dazugeben, mit kochendheißer Milch übergießen, die
gekochten und durchgepreßten Kartoffeln dazugeben, würzen
und den Teig kneten. In diesen mengt man nun zusätzlich noch
den geriebenen Kren. Daraus formt man Knödel, legt sie in kochendes Salzwasser ein und läßt sie 20 bis 25 Minuten langsam
kochen. Sie werden mit braunen Speckwürfeln bergartig angerichtet und bilden eine köstliche Beilage zu Wild und anderem
würzig abgeschmecktem Braten.

»Draahte Wichspfeiferl«

2 Pfund mehlige Kartoffeln   *Salz*
100 g Mehl   *Schweineschmalz*
eventuell 1 Ei   *(Milch)*

Ein Schuft, wer beim Namen dieses niederbayrisch/oberpfälzi-
schen Lieblingsgerichts Schlechtes denkt. Die Oberbayern sagen
Baunkerl dazu oder Bauchsteckerl und in Schwaben kennt man
sie als »Buabebrunzerle«. Ein völlig unverfänglicher Name ist:
Fingernudeln. Und so schmecken sie auch am besten: kleinfin-
gerlang, in der Mitte kleinfingerdick, vorn und hinten spitz aus-
laufend.
Mehlige Kartoffeln werden gedämpft und geschält. Noch heiß
drückt man sie durch die Presse oder reibt sie auf. Dann läßt man
sie ausdampfen und abkühlen. Auf dem Nudelbrett siebt man
das Mehl über die Kartoffeln, schlägt das Ei dazu, salzt und knetet alles gut durch. Man kann nun aus dem Teig eine Walze formen, kleine Stücke davon abschneiden und diese zu Fingernudeln »schupfen« oder mit dem Löffel Portionsstücke aus dem
Teig stechen und diese mit bemehlten Händen in die gewünschte

Form bringen. In der Pfanne werden die Fingernudeln in reichlich Schweineschmalz auf beiden Seiten dunkelbraun herausgebacken. Zu gekochtem Sauerkraut schmecken sie am besten. Ganz Gschleckige backen sie in der Bratrein im Rohr, übergießen sie, kurz bevor sie ganz fertig sind mit heißer Milch, lassen diese noch ein wenig einziehen und bringen sie erst dann auf den Tisch. Aus dem gleichen Teig backen die Oberpfälzer ihre *Stempen*. Sie sind etwa zehn Zentimeter lang und zweifingerdick. Daher benötigen sie eine etwas längere Backzeit.

»Gröimkoichla« (Oberpfälzer Griebenküchlein)

8 große Kartoffeln	Salz
1 Handvoll Mehl	200 g Grieben
1 Ei	Schweineschmalz

Die Kartoffeln werden gedämpft, geschält und noch heiß gerieben oder durch die Presse gedrückt. Man soll mehlige, keine speckigen (Salat-)Kartoffeln verwenden. Nach dem Erkalten vermengt man den Kartoffelteig auf dem Nudelbrett mit gut einer Handvoll Mehl, schlägt ein Ei dazu, salzt nach Geschmack, gibt die Grieben drunter und knetet das Ganze gut durch. Dann formt man Kücherl in der Form von Fleischpf(l)anzl und bäckt sie in der Pfanne mit reichlich Schweineschmalz auf beiden Seiten schön goldbraun.

In der Oberpfalz ißt man die Gröimkoichla gern zu Geräuchertem mit Kraut oder zu Bratwürsten mit Kraut. Auch zum Schweinsbraten schmecken sie.

G'schupfte Nudeln mit Kraut

300 g Mehl	⅛ l Wasser
2 Eier	Butterschmalz
Salz	1 Pfund Sauerkraut

Schon das erste Wort dieser Speise verrät, daß sie aus Schwaben stammen muß. Denn nicht auf Nudeln oder Kraut liegt der Akzent, sondern auf »g'schupft«. Man muß einmal einer schwäbischen Köchin zugeschaut haben, wie sie die kleinen Teigstückchen auf dem bemehlten Nudelbrett mit einer lässigen Handbewegung zu »Bleistiften« formt (d. h. kurz hin und her rollt), die hinten und vorne gespitzt sind und das in Sekundenschnelle, dann hat man mehr Respekt vor ihr als vor einer Sekretärin mit 350 Anschlägen pro Minute.

Es ist gleich, ob man den Nudelteig auf dem Brett zubereitet oder mit dem Rührgerät in der Schüssel; man läßt ihn kurze Zeit ruhen, ehe man ihn zu einer Rolle formt, davon kleine Stücke abschneidet und diese zu Nudeln »schupft«, die dann ins kochende Salzwasser müssen. Man läßt sie aufkochen, nimmt sie mit einem Sieb heraus, überbraust sie kalt und läßt sie abtropfen. Dann werden sie in einer großen Pfanne in reichlich Butterschmalz zusammen mit Sauerkraut geröstet.

Erdäpfelkaas

3 Pfund Kartoffeln	*1–2 Zwiebeln*
¼ l saurer Rahm	*Salz*
¼ l süßer Rahm	*Pfeffer (nach Belieben)*

Man dämpft mehlige Kartoffeln (auf keinen Fall Speck- oder Salatkartoffeln), schält sie, reibt sie noch warm in eine Schüssel oder drückt sie durch die Presse. Dann rührt man den gemischten Rahm und die gehackten Zwiebeln darunter, salzt nach Bedarf und Belieben und läßt alles erkalten. Die Schüssel mit dem Erdäpfelkaas garnieren die Rottaler Bäuerinnen mit Butterscheiben und stellen ein Pfefferbüchsl daneben. Jetzt kriegt jeder noch ein Messer und los geht's mit der Selbstbedienung aus der Schüssel. Den Erdäpfelkaas kann man sich so dick aufs Butterbrot streichen wie man will, und es hat schon Fälle gegeben, daß sich Brotzeitmacher dabei den Kiefer ausgerenkt haben.

Schwäbische Käsespätzle

Zum Teig:

1 Pfund Mehl	*Prise Salz*
5 Eier	*¼ l kaltes Wasser*

Zum Anrichten:

150–200 g geriebenen	*1 Eßlöffel Essig*
Emmentaler	*2 gehackte Zwiebeln in*
2–3 Scheiben geriebenen	*100 g Butter angeröstet*
Limburger	*2 Eßlöffel Semmelbrösel*

Schwäbische Käsespätzle, ▷
Rezept siehe oben

Aus Mehl, Eiern, Salz und kaltem Wasser rührt man einen zähen Spätzleteig. Dann drückt man einen Teil davon durch ein Spätzlesieb in reichlich kochendes Salzwasser. Nach dem ersten Aufkochen nimmt man die Spätzle mit einem Schaumlöffel heraus, läßt sie abtropfen (auf gar keinen Fall kalt überbrausen!) und richtet sie sofort auf einer heißen Platte oder Schüssel an. Darüber streut man nun einen Teil vom geriebenen oder feingehobelten Käs. So fährt man fort, bis aller Teig aufgebraucht ist, also: jeweils eine Lage Spätzle, darauf eine Lage Käs. Zuletzt durchzieht man alles mit einem Eßlöffel Essig, streut Semmelbrösel darüber und gibt die angebräunten Zwiebeln obenauf. Es muß sehr schnell gearbeitet werden, daher empfiehlt es sich, die Zutaten in »Bereitstellung« zu halten, also den Käs bereits gerieben, die Zwiebeln schon angeröstet und heiß.

Krautspatzen

Zutaten und Zubereitung entsprechen genau den oben angeführten »Käsespätzle«. Nur nimmt man anstelle von Käs feingehacktes und gekochtes Sauerkraut.

Schwäbische Kraut-Baunzen

100 g Sauerkraut	*Salzwasser*
175 g Mehl	*Fett*
4 Eier	

Das Sauerkraut drückt man fest aus und schneidet es sehr fein. Dann verrührt man es in einer Schüssel mit den Eiern und Mehl zu einem Teig, den man auf dem Brett weiterverknetet. Er wird stückweise zu gut daumendicken Würsten gerollt, von denen man wieder etwa zentimeterlange Scheiben abschneidet. Diese »schupft« man nun auf dem gut bemehlten Brett mit leichter Hand (für Nichtbayern: man rollt sie) zu »Baunzen« aus. Die Kraut-Baunzen kommen jetzt in kochendes Salzwasser, in dem sie sofort auf Tauchstation gehen. Nach etwa 20 Minuten erscheinen sie wieder an die Oberfläche, werden abgeschöpft und kalt überbraust. Dann läßt man sie im Sieb gut abtropfen. In einer Pfanne mit heißem Butterschmalz werden sie auf beiden Seiten gut gebräunt.

◁ *Warmer Weißkrautsalat (S. 92),*
Münchner Rindfleischsalat (S. 31)

Schwäbische Maultaschen

Zum Nudelteig:	Salz
300 g Mehl	Wasser
2 Eier	Mehl fürs Nudelbrett

Zur Fülle:	
1 gehackte Zwiebel	½ Pfund gekochter Spinat
Petersilkraut	2 Eier
50 g Butter	2 alte Semmeln in Milch
½ Pfund Hackfleisch	Salz, Pfeffer, Muskat

Aus Mehl, Eiern, Salz und lauwarmem Wasser rührt und knetet man einen Nudelteig, den man, in einem Tuch eingewickelt, eine halbe Stunde ruhen läßt.

Jetzt hat man Zeit für die Fülle. In einer großen Pfanne oder im Topf dünstet man feingehackte Zwiebeln und Petersilie in Butter an, nimmt sie vom Feuer, gibt das Hackfleisch und den gekochten und feinverwiegten Spinat dazu, schlägt die Eier daran und rührt noch die in Milch eingeweichten und gut ausgedrückten Semmeln in die Masse. Gewürzt wird der Teig mit Salz, Pfeffer und Muskat.

Nun wird der Nudelteig auf gut bemehltem Brett dünn ausgewalkt. Man schneidet oder radelt daraus Quadrate in beliebiger Größe (Vorschlag: 8 mal 8 Zentimeter) und belegt sie in der Mitte mit einem »Maul voll« von der Fülle (daher der Name!), was etwa einem gehäuften Eßlöffel entsprechen dürfte. Die Teigränder bestreicht man mit Eiweiß oder Wasser. Dann werden die Quadrate über die Fülle zu Dreiecken zusammengeschlagen und die Ränder gut angedrückt, damit nichts vom Inhalt ins kochende Salzwasser rutschen kann, in dem die Maultaschen etwa zehn Minuten ziehen müssen, bis sie schwimmen. Dann nimmt man sie mit dem Schaumlöffel heraus und richtet sie mit gebräunten Zwiebeln an oder gießt braune Butter darüber. Dazu gibt's in Schwaben gern Kartoffelsalat oder Salate nach der Jahreszeit.

Gemüse und Salat

Ohne Vitamin wird selbst ein Bayer hin

Dem Bayern sein liebstes Gemüse sind eigentlich Schweins-würstl. Aber, na ja, schöne Schwarzwurzeln und Sauerkraut, Karfiol, grüne Bohnen und weiße Rübchen, die läßt er schon gelten. Ganz anders ist es mit den Salaten. Da greift er besser zu, wenn es sich um Holledauer Hopfenspitzen, Spargel und Spezialitäten aus dem Nürnberg-Erlanger Knoblauchsland handelt. Was ihren Club und was den Spargel betrifft, da sind ja die Nürnberger wahre Fanatiker. Viele machen während der Spargelzeit eine regelrechte Vitaminkur.

Kraut

»Wer auf Gott vertraut, der braucht koa Kraut«, wird sich der Lucki wohl denkt haben, wie er dem Herrn Pfarrer sein letztes »Häupl« (Krautkopf) gstohlen hat. Denn irgendwo muß ja dieser blödsinnige Spruch herkommen, der zwischen Spessart und Karwendel gang und gäbe ist und nur eins für sich hat: daß er sich reimt. Ja, wenn's in Bayern kein Kraut gäb, dann müßte es erfunden werden. Da wär die Schlachtschüssel nicht mehr komplett, die Schwaben könnten keine Krapfen mehr backen und der Kraut-Wiggerl müßte sich umtaufen lassen.
Jeder könnte »sein« Sauerkraut essen, wenn er wüßte, wie man's macht. Dabei ist da gar nix dabei:

Sauerkraut (selbst einmachen)

2–3 große Krautköpfe	*Wacholderbeeren*
je Kopf 25 g Salz	*Lorbeerblatt*
Pfefferkörner, Kümmel	*Spritzer Essig oder Wein*

Damit es sich rentiert, braucht man schon zwei bis drei schöne, große Krautköpfe. Sie werden sauber gewaschen und vom

Strunk befreit. Das gelingt am besten, wenn man vorher die Köpfe in Hälften schneidet. Natürlich von oben nach unten und nicht querdurch. Dann werden die Hälften geviertelt und so weiter verfahren bis man handliche Stücke hat, die man nun mit dem Gurkenhobel aufschneiden oder mit einer Haushaltsmaschine zerkleinern kann. Nun schichtet man das Kraut lagenweise in ein Steingutgefäß, salzt und stampft jede Lage einzeln, bis sie Saft zieht. Ein Kartoffelstampfer tut da gute Dienste. Nun kann man ganz nach Geschmack die einzelnen Lagen würzen. Die herkömmlichste Art ist mit Pfefferkörnern, Kümmel, Wacholderbeeren und einem gebrochenen Lorbeerblatt. Man kann auch einen Spritzer Essig oder Wein dazugeben. Manche legen auch Apfelschnitze oder Orangenscheiben zwischen die Krautschichten.

Wenn das Kraut gut eingestampft ist, legt man einen passenden Holzteller darüber und beschwert mit einem Stein oder irgendeinem Gewicht. Nach oben austretender Gärschaum muß stets abgeschöpft werden. Das Gefäß stellt man an einem kühlen Ort (Hausgang, Keller) ab. Nach vier Wochen ist das Kraut vergoren und durchsäuert. Man kann aber schon nach ein paar Tagen mit der »Entnahme« beginnen.

Schwammerlgemüse

2 Pfund feingeschnittene Schwammerl	¼ l saurer Rahm
	Salz
75 g Butter	1 Strauß Petersilie
1 feingehackte Zwiebel	

Im Sieb überbraust man die Schwammerl nach dem Putzen und Schneiden mit heißem Wasser und wartet, bis sie gut abgetropft sind. Inzwischen dünstet man die Zwiebel bis sie glasig ist in einem Tiegel. Da hinein gibt man die Schwammerl. Ungefähr sieben Minuten lang läßt man sie nun im eigenen Saft ziehen. Sobald man merkt, daß die Soße einzuziehen beginnt, rührt man sogleich den sauren Rahm darunter und schmeckt mit Salz und feingewiegtem Petersilkraut ab. Nun läßt man das Gericht nur noch wenige Minuten leise fertigköcheln (nicht aufkochen). Dabei muß man gelegentlich umrühren.

Es gibt Rezepte, die bei diesem Gericht die Zugabe von Kümmel, Zitronenschale oder einem Spritzer Essig empfehlen. Warum nicht? Das mag jeder selbst ausprobieren. Das Motto für den Kenner lautet: Schwammerl sollen nach Schwammerl schmecken! Sie zu verwürzen, das wäre schade! Die beste Beilage sind Semmelknödel.

Münchner Rettichgemüse

1–2 Rettiche
40 g Fett
2 Eßlöffel Mehl
Salz

Prise Zucker
etwas Milch
Suppenwürze

Zuerst bereitet man aus Fett und Mehl eine weiße Schwitze, die mit etwas Milch und Wasser aufgegossen wird. Dann reibt man den geschälten Rettich fein auf und läßt ihn in der weißen Soße mitkochen. Je länger er kocht, desto milder wird er im Geschmack. Man würzt mit Salz und etwas Zucker und rundet das Gemüse mit Suppenwürze und nach Belieben auch mit einem Spritzer Essig ab.

Saures Kartoffelgemüse

1–2 Pfund rohe, geschälte
Kartoffeln
2–3 gelbe Rüben
1 Sellerieknolle
reichlich Kräuter wie Petersilie,

Majoran, Schnittlauch
1 Schuß Essig
Salz, Pfeffer, Kümmel
Prise Zucker

Die geschälten Kartoffeln werden in grobe Würfel geschnitten und in kochendem Salzwasser mit den übrigen, kleingeschnittenen Zutaten gargekocht. Das Gemüse soll ziemlich suppig und pikant sauer abgeschmeckt sein. Man kann es nach Belieben auch mit ganz wenig Mehl binden und noch Suppenwürze hinzufügen.

»Sauerampfer Gemüß«
(Handgeschriebenes Hausrezept aus Niederbayern)

»Man darf eine gute Portion haben, da er im kochen noch mehr zusammenfällt wie der Spinat. Das Wasser, in welchem er gekocht wird, muß sieden und gesalzen sein und da er schneller weich wird wie der Spinat, so darf er so lange nicht sieden. Ist er gekocht, thut man ihn auf einen Seiher, daß er gut abläuft, ehvor in kaltem Wasser abfrischen. Man darf ihn aber nicht ausdrücken. Dann wiegt man ihn recht fein, paßiert ihn durch ein Haarsieb, gibt dann in einen Tiegel ein Stück Butter, etwas Salz und wenn der Butter heiß ist, den Sauerampfer hinein. Dann läßt man ihn sehr gut dünsten. Dann gibt man etwas Mehl darein, dann etwas Fleischbrüh und Bratensoß davon, denn dieses Gemüß muß saftiger sein wie der Spinat. Man kann auch anstatt Fleischbrüh süßen Rahm nehmen. Man darf dieses Gemüß beim kochen nicht zudecken.«

Brennessel-Spinat

Hier sei eine persönliche Bemerkung erlaubt. Als ich den Wirt »Zur alten Post« in Nürnberg-Kraftshof, der dieses Gericht fürs Fernsehen gekocht hatte, eine Woche nach der Sendung besuchte, war die Gaststube gerammelt voll und alles aß »Brennessel-Spinat mit Ochsenaugen«. Und der Wirt meinte: »Um ganz Nerrnberch rum gibts ka Brennessel mehr. De san wegg'fressen!« Irgendwie konnte man das schon verstehen. Die Großstädter sehnten sich nach dem ersten frischen Grün – es war April – und dieses war ja nun wirklich billig zu haben. Denn Brennesseln kommen wie von selbst.

2 Pfund junge Brennesseln	*Salz, Pfeffer*
1 Messerspitze Natron	*Muskat*
100 g Butter	*3 Eßlöffel saurer Rahm*
½ Zwiebel	

Man sollte nur junge Brennesseln verwenden, ältere schmecken rauh und oft bitter. Beim Sammeln ist es jedoch ratsam, alte Handschuhe anzuziehen. Die Blätter werden gut gewaschen und dann mit einer Messerspitze Natron überkocht, damit sie ihre schöne grüne Farbe behalten. Erst dann schneidet man sie klein oder dreht sie durch den Fleischwolf.

In einem Topf schwitzt man die kleingehackte Zwiebel in 75 g Butter an, gibt die Brennesseln dazu und würzt mit Salz, Pfeffer und Muskat. Ohne Zugabe von Flüssigkeit dünstet man unter öfterem Rühren eine knappe Viertelstunde. In der letzten Minute rührt man den sauren Rahm darunter und übergießt das fertige Gericht mit dem Rest der gebräunten Butter.

Pilze

Bei Pilzgerichten ist es natürlich schwierig, genaue Mengenangaben zu machen. Sucht man die Pilze selbst, so hat man eben so viel wie man gefunden hat. In Großstädten kann man allerdings verschiedene Sorten auch auf dem Markt kaufen. Für diesen Fall kann man 2 bis 2½ Pfund für vier Personen rechnen.

Panierte Steinpilze

Etliche große Steinpilze	*Brösel, Salz*
(etwa 1 ½ Pfund)	*Backfett*
Mehl	*1 Zitrone*
Ei	*Petersilie*

Große, natürlich madenfreie Steinpilze werden der Länge nach in möglichst dicke und große Scheiben geschnitten. Man salzt sie leicht, wendet sie in Mehl, Ei und Bröseln und bäckt sie in der Pfanne doppelseitig goldbraun. Sie werden mit Petersilie überstreut und mit Zitronenschnitzen aufgetragen.

Reherl in Speck

1 ½ Pfund Reherl	*etwas gehackte Zwiebel*
100 g Speck	*Petersilie*
Salz	

Die Reherl werden sauber geputzt und kurz in Salzwasser ge-
brüht. Dann läßt man sie abtropfen. Nun wird etwas kleinge-
würfelter Speck mit gehackter Zwiebel in der Pfanne angeröstet.
Man gibt die Reherl dazu, läßt sie etwa 20 Minuten durchgaren.
Ja nicht zu lang, sonst werden sie hart und unverdaulich. Dann
streut man reichlich Petersilie darüber.

Brätling

1¹/₂ Pfund Brätlinge
Salz

Das ist ein Pilz nur für Kenner. Er hat schon seinen richtigen
Namen, denn er wird gebraten. Die großen rosabraunen, natürlich madenfreien Pilze werden entweder geköpft und die Stiele
halbiert oder, wenn es sich um große Exemplare handelt, werden
sie querdurch in mehrere Scheiben geschnitten. Dann legt man
sie auf die heiße Herdplatte, läßt sie schön garen, streut etwas
Salz darüber und ißt sie gleich frischweg, so wie sie sind. Wenn
sie zu lang gebraten werden, verlieren sie Saft, werden trocken
und hart.

Reizkerplatte

1¹/₂ Pfund Reizker   *Schweinefett*
1¹/₂ Pfund Kartoffeln   *Salz*
¹/₂ Zwiebel

Die madenfreien Reizker werden geputzt, aufgeschnitten und
unter saftige G'röste mit Zwiebeln gegeben.

Panierte Parasol

Junge Parasolpilze   *1 Ei*
Salz   *Brösel*
Mehl   *Backfett*

Sie werden genauso zubereitet, wie die panierten Steinpilze.
Man muß natürlich darauf achten, daß man nur junge fleischige
Exemplare nimmt, denn die anderen werden harte Lederfleck,
die kein Vergnügen beim Essen machen.

Ein paar Salate

Hopfenspitzensalat

Etwa 2–3 Pfund   *Prise Salz*
junge Hopfensprossen   *Prise Zucker*
Salzwasser   *Schnittlauch oder Kerbel*
Essig/Öl

Man kann sie Hopfenspitzen, aber auch Hopfensprossen nennen. Es sind die jungen Triebe der Hopfenpflanze, die im April bis Anfang Mai aus der Erde spitzen. Jede Pflanze hat etwa ein Dutzend solcher Triebe, aber nur einen oder zwei läßt der Hopfenbauer den Draht hochklettern, also wachsen. Die anderen müssen entfernt werden. Aus diesem »Abfall« aber bereitet man in der Hallertau und in der Nürnberger Gegend wohlschmeckende Gerichte. Hopfensprossen schmecken ähnlich wie Spargel. So kann man fast alle Spargelrezepte für die Zubereitung von Hopfensprossen anwenden. Sehr beliebt als Frühjahrskur ist der Hopfenspitzensalat.

Die jungen Triebe werden gründlich gewaschen, brauchen aber nicht wie Spargel – geschält zu werden. Dann kocht man sie in Salzwasser auf (eine gute Prise Salz genügt). Aus dem abgekühlten Kochwasser bereitet man einen kleinen Salatstand (Marinade) mit Essig, Öl, Zucker und falls erforderlich, noch einer Prise Salz. Mit dieser Soße übergießt man nun die Hopfensprossen, rührt gut durch und läßt sie eine Stunde stehen, damit die Soße gut einzieht. Dann verteilt man den Hopfenspitzensalat (ohne Soße) auf Schalen und streut Schnittlauch oder Kerbel darüber.

Löwenzahnsalat

Ende April, Anfang Mai sind viele Wiesen nicht mehr grün, sondern gelb. Der Löwenzahn blüht. Aber da ist es schon zu spät für diesen Salat, zu dem man nur die ganz jungen Triebe verwenden sollte. Und die spitzen oft schon Mitte März aus dem Boden.

½ Pfund Löwenzahnblätter	Petersilie
6 Eßlöffel saurer Rahm	Schnittlauch
4 Eßlöffel Zitronensaft	Estragon
Prise Salz	Messerspitze Dill
Zucker	

Man gibt die Löwenzahnblätter entweder ganz oder zerkleinert in eine Salatschüssel. Dann bereitet man eine Salatsoße. Dabei vermischt man kräftig den Rahm mit dem Zitronensaft, salzt und würzt ganz nach Geschmack mit den frischen oder getrockneten feinen Kräutern. Petersilie und Schnittlauch sind um diese Zeit schon frisch im Garten (Mistbeet) bzw. auf dem Markt. Die Salatsoße wird über die Löwenzahnblätter gegossen. Dann serviert man ihn rasch.

Nürnberger warmer Spargelsalat

Das fränkische Spargelbaugebiet liegt im sogenannten Knoblauchsland, zwischen Nürnberg und Erlangen. Dort ist die Landschaft brettleben, der Boden sandig und die Bauern sind eigentlich Gärtner. Zentrum des Spargelanbaus ist das Dorf Buch. Ernte ist im April/Mai und viele Nürnberger Hausfrauen holen sich ihr Gemüse gleich vom Feld weg. Denn beim Spargel gilt: je frischer, desto besser.

2 Pfund Stangenspargel	3 Eßlöffel Essig
Salzwasser	3 Eßlöffel Öl
Prise Zucker	Spritzer Zitronensaft
15 g Butter	Schnittlauch

Der Spargel wird von den Köpfen abwärts geschält; eventuell harte Teile unten schneidet man weg. (Das Geschälte kann man für Suppe verwenden!) Pfundweise bündelt man nun die Spargelstangen (hier gibt es also zwei Bündel) und stellt sie mit den Köpfen nach oben in ein entsprechend hohes Gefäß mit kochendem Salzwasser (2 bis 3 Prisen Salz), dem man eine Prise Zucker und eine Butterflocke beigibt. Nach 20 bis 30 Minuten nimmt man die Bündel heraus, den Bindfaden weg und legt die Stangen vorsichtig, damit die Köpfe nicht brechen, zu gleichen Teilen in vier längliche Teller (Spargelplatten). Nun übergießt man den

Spargel mit einer Marinade aus etwas Sud, Essig, Öl sowie einem Spritzer Zitronensaft und streut Schnittlauch darüber.

Selbstverständlich kann man dieses Gericht auch kalt servieren, dann ist es aber nicht mehr das »Original«.

Zum warmen Spargelsalat passen Bratwürst', zum kalten Salat ißt man warmen Schinken.

Kressesalat

Die Brunnenkresse (sie wächst gern an Bachrändern oder wie schon der Name sagt: rund um den Brunnen) ist wohl das erste genießbare Grün des Jahres. Die Gartenkresse kommt erst später; Treibhaus-Kresse gibt's immer, kann aber nicht an das Aroma der frischen Brunnenkresse heran. Wer also auf dem Standpunkt steht: »Alles zu seiner Zeit«, wartet auf seinen Brunnenkressensalat, der ganz leicht zuzubereiten ist.

Etwa ½–1 Pfund junge, kleine *Kräuteressig*
Kresseblätter *Zucker*

Die zarten Blätter (ältere sind zu scharf) werden verlesen und erst kurz vor Gebrauch mit einem Schuß Kräuteressig versehen. Es genügt wirklich nur ein Schuß, denn die Brunnenkresse hat so viel Würze in sich, daß man auf sonstige Zutaten verzichten kann. Auf keinen Fall sollte man Öl drantun, wohl aber etwas Zucker.

Warmer Weißkrautsalat

½ Kopf Weißkraut *Salz, Zucker*
100–150 g durchgewachsener Speck *Pfeffer, Kümmel*
½ Zwiebel, Essig

Der Krautkopf wird aufgehobelt, gesalzen und dann gestampft, bis er Saft zieht oder noch besser kurz aufgekocht, damit er leichter verdaulich und saftiger wird. Man läßt ihn gut abtropfen. Inzwischen wird der kleingeschnittene Speck mit den Zwiebelringen ganz hell in der Pfanne angebraten. Der Salat wird mit Salz und Essig, einer Prise Zucker und gehacktem Kümmel durchgearbeitet und mit dem Zwiebel-Speck vermengt. Man läßt ihn eine Weile ziehen und stellt ihn dabei leicht warm.

Mehlspeisen und Süßspeisen

Wie die Bäuerinnen das Fasten überlisten

Die üppigen und vielgestaltigen Mehlspeisen haben einen geschichtlichen Hintergrund. Im katholischen Bayern mußte fast die Hälfte des Jahres als Fasttage begangen werden. Neben den Freitagen gabs noch die vierzigtägige Fastenzeit, das Sommer- und Adventsfasten und das Weihnachtsfasten. Das hat die Hausfrauen schlau und wendig gemacht und sie haben es verstanden, aus dem guten weißen Mehl der Kornkammer Bayerns, aus ihren großen Schmalztöpfen und aus den Produkten der reichbesetzten Hühnerställe ideenreiche Kochkompositionen zu gestalten. Was es da aus den eigentlich immer gleichen Zutaten alles gibt, ist erstaunlich. Man könnte wochenlang bei einer guten bayerischen Hausfrau sein und immer wieder etwas Neues kennenlernen. Für feinere Süßspeisen dagegen ist sie nicht so bewandert soweit es sich nicht um die herrschaftliche oder um die höfische Küche handelt.

Dampfnudeln

½ l Milch	Salz
20 g Hefe	1 Ei
Zucker	100 g Butter oder Butterschmalz
1 Pfund Mehl	3 Äpfel

In die Schüssel bröckelt man zu ¼ l lauwarmer Milch und einem Teelöffel Zucker die Hefe. Sobald das Dampfel nach oben kommt (in etwa einer Viertelstunde), wird ein halbes Pfund Mehl eingerührt, alles gut vermengt und der Teig an einen warmen Ort gestellt. Nach ungefähr einer halben Stunde kommen nochmals 200 bis 250 g Mehl sowie das Ei und eine Prise Salz dazu. Man kann es auch einfacher machen und gleich das ganze Pfund Mehl in eine Schüssel geben, eine Grube hineindrücken und das Hefedampferl (Hefe Zucker, Milch) darin gehen lassen. Dazu kommen die schon genannten Zutaten. Der Teig wird kräftig durchgeschlagen, bis er Blasen wirft und sich fest vom

Kochlöffel reißt. Dann darf er nochmals »gehen« und um die Hälfte seines bisherigen Umfangs anwachsen. Am liebsten tut er das warm zugedeckt.

In einem breiten, niederen Tiegel läßt man das Fett zergehen (Brandschmalz mit Butter), gießt ¼ l warme Milch hinzu und gibt die Apfelschnitzel hinein. Diese werden noch etwas überzuckert.

Bis es im Tiegel nun ganz leicht brodelt, sticht man mit dem Löffel eiergroße Nudeln ab, formt sie mit der Hand auf bemehltem Brett oder Tuch semmelrund und legt sie sogleich auf die Äpfel im Tiegel. Drin sollen sie noch einige Minuten »gehen«, bis zwischen den einzelnen Nudeln keine Zwischenräume mehr sind (bis sie oben zumachen). Dann deckt man das Gefäß gut zu und dämpft die Nudeln bei mäßiger Hitze eine gute halbe Stunde. Währenddessen darf der (am besten beschwerte) Deckel keinesfalls abgenommen und »nachgeschaut« werden. Auch nach der Garzeit muß das Gefäß noch einige Minuten – vom Feuer weg – zugedeckt stehen. Den Deckel hebt man langsam ab, damit der Dampf nicht auf einmal entweicht und die Nudeln zusammensinken.

Schwierig ist, das Ende der Garzeit zu erkennen. Erfahrene Köchinnen sagen: »Das muß man hören!« Eigentlich ganz klar, denn man sieht ja nichts. Die Nudeln kündigen ihr »Wir sind reif – nehmt uns raus!« im Tiegel durch Seufzen und Knistern an. Es hört sich an wie wenn man eine frischgebackene Semmel drückt. Bei den Dampfnudeln dieses Rezeptes kann man auf die sonst übliche Vanillesoße verzichten. Sie sind saftig genug. Dazu ißt man Eingemachtes oder Kompott.

Zwetschgen-Rohrnudeln

1 Pfund Mehl	Salz
20 g Hefe	etwa ¾ Pfund Zwetschgen
2–3 Eßlöffel Zucker	Würfelzucker
¼ l Milch	100 g Butter oder Butterschmalz

Aus Mehl, der mit etwas Milch aufgelösten Hefe, Zucker, Salz und der nötigen Milch macht man einen strengen Hefeteig, der sehr gut abgeschlagen und dann warm gestellt wird. Daraus formt man gleichmäßige Nudeln und füllt sie mit aufgeschlitzten Zwetschgen, bei denen man den Kern durch ein Stück Würfelzucker ersetzt hat. Die Nudeln werden gut zugedreht, damit sie geschlossen bleiben und unter einem Tuch neuerdings zum Gehen warm gestellt. Dann setzt man sie dicht nebeneinander in eine Bratpfanne, in der das Fett schon gut erhitzt wurde und bäckt sie, wenn sie noch einmal gegangen sind, im Rohr goldgelb. Die fertigen Nudeln werden gestürzt und gut überzuckert.

Dukatennudeln

1 Pfund Mehl	200 g Butter
50 g Hefe	2–3 Eßlöffel Zucker
1 Ei	Salz
Fertige Vanillesoße:	1–2 Eßlöffel Rum
1/4 l Schlagrahm	2 Packerl Vanillinzucker

In das Mehl macht man eine kleine Grube und gibt die in etwas Milch mit Zucker aufgelöste Hefe hinein. Wenn das Dampferl gegangen ist, gibt man das Ei, die weiche Butter, 2 bis 3 Eßlöffel Zucker und etwas Salz, wenn nötig, auch noch ein wenig Milch dazu. Die große Hefemenge ist wegen der reichlichen Fettzugabe notwendig.

Nun wird der Teig sehr gut abgeschlagen und dann zu kleinen Nudeln gedreht, die nur so groß wie eine Walnuß sein sollen. Diese Nudeln werden noch in erwärmte Butter getaucht und dann dicht nebeneinander in eine gefettete Bratrein gesetzt. Man läßt sie noch einmal gehen und bäckt sie dann im Rohr knapp 1/2 Stunde goldgelb. Dazu gibt man eine Vanillesoße, die durch Zugabe von Schlagrahm, Rum und Vanillinzucker verfeinert wurde.

Topfennudeln

400 g Topfen	etwas Milch
80–100 g Butter	300 g Mehl
50 g Zucker	50 g Rosinen
2 Eier	Salz
40 g Hefe	

Würziger Hefezopf, Rezept Seite 109 ▷

Butter, Zucker und Eier werden schaumig gerührt. Daran gibt man die mit wenig Milch und wenig Zucker aufgelöste Hefe, den Topfen, das Mehl, die Rosinen, Salz und, wenn nötig, noch einige Eßlöffel Milch. Der Teig wird kurz durchgeschlagen und dann zum Gehen warm gestellt. Man sticht mit dem Eßlöffel Nudeln davon ab und legt sie in eine gut gefettete Form nebeneinander ein. Dann bäckt man sie in der Röhre etwa eine halbe Stunde goldbraun und gibt sie mit der braunen Kruste nach oben und mit Zucker überstreut zu Tisch. Man kann Zimt-Zucker verwenden oder ein Kompott dazu geben.

Rupfhauben

1 Pfund Mehl	*2 Eier*
Salz	*10 g Hefe*
⅛ l Wasser	

Im Tiegel:
50 g Butter oder Butterschmalz *½ l Milch*

Aus den ersten Zutaten bereitet man entweder in der Schüssel oder schon auf dem Brett einen feinen, ziemlich festen Nudelteig, in den die Hefe trocken eingebröckelt wird. Der Teig wird dadurch lockerer. Dann wälzt man ihn zu einer Rolle und schneidet davon kleine Stücke ab. Diese walkt man zu untertellergroßen, messerrückendicken Fladen aus und läßt sie eine Viertelstunde liegen.

In einem breiten, niederen Tiegel läßt man ein Stück Butter oder Butterschmalz und die Milch aufkochen (man kann auch einen Eßlöffel Zucker und einige Apfelschnitze dazugeben), nimmt die Teigflecke in der Mitte hoch und stellt sie wie Zelte (Hauben) dicht nebeneinander in die heiße Milch. Dann deckt man sofort zu; der Deckel muß gut schließen. Bei mittelgroßer Hitze müssen sie nun eine halbe Stunde kochen. Der Dampf hält die Hauben in Form. Sie müssen schöne braune und saftige Ramerl haben. Man nimmt sie mit dem Backschäuferl heraus, stellt sie auf vorgewärmte Teller und ißt dazu Eingemachtes, Kompott oder saure Milch.

◁ *Rupfhauben, Rezept siehe oben*

Reinzelten

375 g Mehl	1–2 Äpfel
Salz	10 Zwetschgen
1 Ei	Rosinen (nach Belieben)
¼ l Milch	70 g Butter oder Butterschmalz
3 Eßlöffel zerlassene Butter	(oder beliebiges Backfett)
⅛ l saurer Rahm	

Aus dem Mehl bereitet man mit dem Ei, ⅛ l Milch und einer Prise Salz einen Teig, der mit der Hand gut verknetet wird. Das kann in der Schüssel oder auf dem Nudelbrett geschehen. Der Teig wird zu einer Rolle geformt und in Stücke geschnitten, die man zu untertassengroßen und messerrückendicken Flecken auswalkt. Diese bestreicht man nun mit zerlassener Butter und saurem Rahm, legt in die Mitte gezuckerte Apfelschnitzel, Zwetschgenviertel und Rosinen und schlägt den Teig von zwei Seiten nach der Mitte zu zusammen. Die Zelten werden nun in die Bratreine geschichtet, in der etwa 70 g Butter oder Butterschmalz zergangen sind. Dann gießt man den Rest der lauwarmen Milch darüber und läßt die Reinzelten im Rohr bei mittelstarker Hitze eine halbe Stunde backen. Man kann gegen Ende der Garzeit noch ein im Milch verklöpeltes Ei auf die Zelten verteilen.

Schwalbennester

1 Pfund gekochte Kartoffeln	2–3 Äpfel
1 Ei	Zucker, Zimt
300 g Mehl	125 g Butter
Salz	1 Tasse süßer Rahm
2 Eßlöffel Grieß	

Die Kartoffeln werden bereits einen Tag vorher gekocht. Dann werden sie gerieben oder durchgepreßt, mit Mehl, Ei, Grieß und einer Prise Salz zu einem Teig verarbeitet, der auf dem bemehlten Nudelbrett zu einer Rolle geformt wird. Davon schneidet man Stücke ab und drückt oder walkt sie zu tellergroßen, bleistiftdicken Flecken. Man legt in ihre Mitte einige Apfelschnitze darauf, bestreut diese mit Zimt-Zucker und schlägt den Teig taschenförmig zusammen.

Die Schwalbennester schichtet man nun in die Bratrein, in der Schmalz oder Butter zerlassen wurde, gießt den Rahm darüber und läßt sie im Rohr 45 Minuten bei mittelstarker Hitze backen.

»Ausgezogener Strudel« (Handschriftlich 1864)

»Gib schönes Mehl auf ein Nudelbrett, salze es, schlag Eier daran so viel du brauchst, aber um ein Klar mehr als Dötter. Nimm ein lauwarmes Wasser und mache den Teig hübsch lind an und wirke ihn recht ab. Laß ihn eine Stunde rasten. Dann ziehe ihn auf ein Brett aus, laß ihn ein wenig trocknen, dann bestreiche ihn mit Schmalz und sauerem Rahm, dann bestreue ihn mit Ziebäben (Weinbeeren) oder was du willst *, rolle ihn zusammen. Gib in eine Reine Schmalz, gib den Strudel hinein und gieße siedende Milch daran, auch Zucker und backe ihn im Rohr.«

Kartoffel-Maultaschen

1 Pfund Mehl	1 Ei
2 Pfund gekochte Kartoffeln	Salz
Zur Fülle:	Zucker
je ½ Pfund Äpfel und Zwetschgen	Backfett

Auf dem Nudelbrett bereitet man aus den gekochten und durchgepreßten Kartoffeln mit Mehl, Ei und Salz einen festen Teig, der rasch durchgeknetet werden muß. Dann walkt man ihn mit den Händen zu einer etwa salamidicken Rolle aus, von der man Stücke von ungefähr sechs Zentimeter Länge abschneidet. Diese werden dann mit dem Nudelholz zu messerrückendicken Flekken gewalkt. Diese belegt man mit feingeschnittenen Apfelscheiben oder geviertelten Zwetschgen, am besten aber mit beiden. Die Früchte bestreut man mit Zucker. Dann rollt man die Teigflecke zusammen, schlägt sie vorne und hinten etwas ein und drückt an. Inzwischen sind in der Bratreine 100 g Butter zergan-

* *(z. B. gezuckerte Apfelschnitze, halbierte Zwetschgen, entsteinte Kirschen usw.)*

gen. Dahinein schichtet man quer die Maultaschen. Die Backzeit im Rohr bei guter Mittelhitze (230°) beträgt etwa eine halbe Stunde. Man kann kurz vor dem Garen heiße Milch darübergießen und diese noch einziehen lassen.

Apfel- oder Zwetschgen-Scheiterhaufen

3–4 Äpfel oder Birnen oder entsprechend Zwetschgen
Zucker
½ Zitrone

Zwieback- oder Semmelscheiben
Schokoladensoße oder
¼ l Rotwein
Zimt, Nelken

Die Äpfel oder Birnen werden geschält, halbiert, geviertelt und dann in Zuckerwasser mit Zitronensaft nicht zu weich gekocht. Sie sollen nicht zerfallen. Die Zwetschgen werden nur halbiert, entkernt und leicht angekocht. Dann schichtet man Weißbrot- oder Zwiebackscheiben mit dem Obst scheiterhaufenartig in eine Schüssel und gießt eine heiße aromatische Schokoladensoße darüber, die man nach Belieben noch mit etwas Kaffeepulver verfeinern kann. Oder man erhitzt starken Rotwein, gibt etwas Wasser, Zucker, Zimt und Nelken daran und gießt diesen über den Scheiterhaufen. Er muß noch kurz durchziehen und wird dabei warm gestellt.

Apfelauflauf

1–1½ Pfund Äpfel
Zucker
1 Zitrone
3 Eier
75 g Zucker

90 g Brösel
30 g geriebene Nüsse
40 g Rosinen
je ½ Orange und Zitrone
Salz

Die Äpfel werden mit Zucker und Zitronenschale zu einem dikken Kompott gekocht. Dann rührt man die Eidotter mit 75 g Zucker, den Bröseln und geriebenen Nüssen gut durch, fügt die Rosinen, etwas feingeriebene Orangen- und Zitronenschale, Zitronensaft und Salz dazu. Zuletzt hebt man den steifen Eischnee unter die Masse. Jetzt füllt man das Kompott in eine gefettete, feuerfeste Form, gießt darüber die Eierrührmasse, steckt Apfelspalten oben im Kreis hinein und bäckt den Auflauf im Rohr 30 Minuten goldgelb.

B'soffene Jungfern

3 Eier	¼ l Weiß- oder Rotwein
75 g Zucker	1 Zimtstange
80 g Mehl	2 Nelken
etwas abgeriebene Zitronenschale	1 Zitronenscheibe
Backfett	

Eigelb und Zucker werden schaumig gerührt, zum Schluß gibt man auch noch den steifgeschlagenen Eischnee dazu. Dann wird das Mehl daruntergemischt. Aus diesem Teig macht man dann mit dem Teelöffel kleine Häufchen und gibt sie in heißes Backfett. Sie werden schwimmend schön goldbraun herausgebacken und dann beim Anrichten mit heißem Wein übergossen, dem beim Erhitzen Zimt, Nelken und eine Zitronenscheibe beigefügt wurden.

»Apfelküchel« (Rezept von 1802)

»Man nehme acht Eyer, zwölf Löffel voll weißes Bier, und ein Löffel voll gute Germ (= Hefe), Zucker und Zimmet und Mehl nach Gutgedünken. Hievon mache man einen etwas dicken Teig, und lasse ihn gehen. Dann schäle man die Äpfel, und schneide sie in Scheiben, wende sie im Teig eine nach der andern um, und so backe sie im heißen Schmalz schön lichtbraun heraus, bestreue sie mit Zucker, und so sind sie fertig.«

»Ein Germteig zu Apfelkücheln«
(Rezept von 1846)

»Nimm 1 Maßl Mehl, 3 Eier, einen Eierkuppen voll (= einen Eierbecher, 1 Stamperl, 2 cl) ordinären Branntwein, ein wenig Salz und 2 Eßlöffel voll Germ, verrühre das gut. Hernach schütte so viel lauwarme Milch daran, daß der Teig in der Dicke wird wie wenn Du Schwemme bachst, laß ihn ½ Stund stehen, daß er gehen kann.«

Einfacher geht's heute mit einem etwas dickflüssigen Pfannkuchenteig, in den man die geschälten und entkernten Apfelscheiben taucht. Geblieben ist, sie schwimmend in heißem Fett herauszubacken und zu überzuckern. Um eine recht lockere Apfelfülle zu bekommen, setzt man dem Pfannkuchenteig ein Glaserl Weinbrand und eine gute Prise Backpulver zu.

Ausbackene Zwetschgen

Man kann sie aus frischen oder tiefgekühlten Früchten machen, aber auch aus gedörrten. Zuerst bereitet man einen ziemlich dikken Pfannkuchenteig, in den man die entkernten Zwetschgen taucht und sie dann schwimmend in heißem Fett herausbäckt. Die Früchte soll man zum Entkernen nicht durchschneiden, sondern nur seitlich aufschlitzen. Die ausgebackenen Zwetschgen werden in Zimt-Zucker gewälzt und noch ganz frisch serviert.

Dazu ein altes Rezept aus dem Jahr 1802:

»Wenn man dürre Zwetschgen backen will, so muß man sie zuerst überkochen, und die Kerner herausnehmen, sind aber die Zwetschgen frisch, so nehme die Kerner heraus, und fülle in jede, sie seyen gedörrt oder frisch, eine abgezogene Mandel. Alsdann mache von vier Löffel voll Mehl, einem oder zwey Eyerklar und Wein einen Teig in der Dicke, wie bey dem Aepfel-Küchelteig gewöhnlich; tuncke die Zwetschgen eine nach der anderen darein, backe sie in heißgemachten Schmalz schön heraus, und wenn sie vom Schmalz abgelaufen, so bestreue sie mit Zucker und Zimmet.«

Hollerküachl

10 Hollerblüten	*2–3 Eier*
Pfannkuchenteig aus:	*¼ l dunkles Bier*
200 g Mehl	*Backfett*
Salz	*Staubzucker*

Der Holler (Holunder) blüht im Mai/Juni. Es gibt auch heute fast keinen bayerischen Bauerngarten, in dem nicht eine Hollerstauern« (Holunderstrauch) wachst. Denn man schreibt den Hollerbierln (Holunderbeeren) heilsame Kräfte zu. »Vor einer Hollerstauern muß man dreimal den Hut abnehmen«, heißt ein alter Spruch. Die Beeren (sie werden im September reif) kann man zu Saft abpressen oder ein wohlschmeckendes Mus kochen. Aber auch die Blüten kann man essen, allerdings in einer geschmalzenen Verpackung. Die Stengel werden etwa 15 Zentimeter hinter den Blüten abgeschnitten und sauber gewaschen und ausgeschüttelt, denn Hollerstauden können in manchen Jahren ziemlich verlaust sein.

Für die Hollerküachl bereitet man einen ziemlich festen Pfannkuchenteig aus Mehl, Salz und Eiern. Statt Milch oder Wasser aber nimmt man in diesem Fall dunkles Bier (Malzbier). In diesen Teig taucht man die Hollerblüten, indem man sie am Stiel anfaßt und bäckt sie in heißem Fett schwimmend heraus. Dann wendet man sie in Staubzucker. Noch heiß serviert schmecken sie am besten.

Zwetschgen-Pavesen

Pavesen (auch Bavesen, von lat. »pavesa«) sind nichts anderes als zwei aufeinandergelegte Weißbrotscheiben, die mit verschiedenen Füllen verfeinert werden und dementsprechende »Vor«-Namen annehmen, z. B. Leber-Pavesen, Milz-Pavesen, Hirn-Pavesen u. s. w. Pavesen können je nach Größe der Scheiben und entsprechend dem Inhalt in die Suppe oder als Gemüsebeilage gegeben werden. Zwetschgen-Pavesen aber sind eine Mehlspeis' für sich.

Zur Fülle:
500 g gedörrte Zwetschgen
50 g Zucker
1 Messerspitze Nelkenpulver

6–8 alte Semmeln oder
Weißbrotscheiben (½ cm dick)
¼ l Milch

Panade:
2–3 Eier oder
Pfannkuchenteig

Semmelbrösel
Schmalz / Backfett
Zimt–Zucker

Zuerst kocht man die gedörrten Zwetschgen weich, entkernt sie und verwiegt sie zu einem dicklichen Brei, den man Zucker und eine Messerspitze Nelken beigibt. Diese Fülle streicht man auf eine Weißbrotscheibe, deren Rinde man abgerieben hat, legt eine zweite Scheibe darauf, drückt sie etwas an und beträufelt die so gewonnene Pavese auf beiden Seiten mit etwas Milch.

Dann wendet man die Pavesen in Ei und den Bröseln oder in Pfannkuchenteig und backt sie in Fett schwimmend auf beiden Seiten schön goldgelb heraus. Anschließend wendet man sie in Zimt-Zucker.

Heidelbeer-Datschi (Hoiba-Wagger)

250–300 g Mehl	*Salz*
3–5 Eier	*Zucker*
Milch	*1 Pfund Heidelbeeren*

In ganz Bayern gibt es Heidelbeeren, aber im Bayerischen Wald besonders viele und da nennt man diese köstliche Frucht »Hoiba«, eine mundfaule Verkürzung von Heidelbeeren und analog dazu diese saftige Mehlspeis' Hoiba-Wagger.

Dazu macht man einen nicht zu dicken Eierkuchenteig an, bei dem man die Dotter von Eiweiß trennt und den Schnee sehr steif schlägt. Je mehr Eier, desto besser. In eine große Reine oder ein großes Kuchenblech mit hohem Rand gibt man genügend Fett und macht es sehr heiß, so daß es zischt, wenn man den Teig hineingießt. Darauf kommen dann die Heidelbeeren und zunächst einmal ein wenig Zucker. Der Datschi wird bei guter Hitze etwa 30 Minuten im Rohr goldbraun gebacken und zuletzt stark überzuckert, sonst saftet er zu stark. Er wird in Stücke zerteilt und warm zu Tisch gebracht. Kalt wird er fest und zäh.

Salzburger Nockerl

4 Eidotter	*etwas geriebene Zitronenschale*
10 Eiweiß	*Salz*
1 Teelöffel Mehl	*3 Eßlöffel Zucker*
1 Päckchen Vanillinzucker	*Butter*

Zuerst heizt man das Backrohr auf 180 Grad vor und gibt eine ovale, feuerfeste Auflaufform, die mit Butter ausgestrichen wurde, hinein. Dann rührt man die Eidotter mit dem Vanillinzucker und der Zitronenschale und streut das Mehl darüber. Jetzt wird das Eiweiß mit einer Prise Salz halbsteif geschlagen. Man gibt den Zucker daran und schlägt den Eischnee fertig, so daß er ganz zackig wird. Einen großen Eßlöffel von diesem Schnee mengt man unter das Eigelb und zieht diese Masse dann unter den Schnee. Das muß sehr locker und von leichter Hand geschehen. Jetzt nimmt man die heiße Auflaufform aus dem Rohr und setzt mit einem großen Teigschaber 3 große Nocken aus der Schneemasse hinein, schiebt die Form rasch wieder zurück ins Rohr und läßt die Nockerl 15 Minuten darin, bis sie außen schön gebräunt, aber im Innern noch locker und weich sind. Sie werden stark überzuckert und müssen sofort serviert werden, damit sie nicht zusammenfallen. Dazu schmeckt eine Erdbeercreme (Seite 106) ausgezeichnet.

Bayerische Creme (Creme Bavaroise) 6 Personen

¼ l Milch	4 Eidotter
60 g Zucker	60 g Zucker
1 Vanilleschote	4 Blatt Gelatine
Prise Salz	¼ l Schlagrahm

In einer Kasserolle kocht man die Milch mit 60 g Zucker, einer der Länge nach aufgeschlitzten und geklopften Vanilleschote und einer Prise Salz auf.

In einer Schüssel werden die Eidotter mit dem Zucker schaumig gerührt, die kochend heiße Milch aus der Kasserolle unter ständigem Rühren langsam dazugegeben und die Masse wieder in die Kasserolle zurückgegossen. Dort wird sie weiter erhitzt, darf aber nicht zum Kochen kommen.

Dann weicht man die Gelatineblätter in kaltem Wasser ein, drückt sie aus und löst sie in der heißen Creme auf. Durch ein Sieb rührt man nun die Masse wieder in die Schüssel und läßt sie abkühlen.

Sobald die Creme zu stocken beginnt, hebt man den steifgeschlagenen Rahm darunter und füllt sie in kalt ausgespülte
Gläser.

Diese seit dem Mittelalter bekannte Creme, die als »Creme
Bavaroise« auch heute noch in der internationalen Küche beliebt
ist, kann man noch durch Beigabe von Fruchtmark, Likör,
Schokolade usw. verfeinern. Im Hotel Deutscher Kaiser in
München bekommt man diese Spezialität sogar mit dem bayeri-
schen Wappen aus Schokolade serviert.

Erdbeercreme

1/4 l Schlagrahm
200 g frische oder gefrorene Erdbeeren
2 Eßlöffel Zucker

1 Eßlöffel Preiselbeeren
1/2 Orange
etwas Weinbrand

Der Schlagrahm wird sehr steif geschlagen; man gibt den Zucker
und die passierten Erdbeeren darunter und schmeckt die Creme
mit dem Saft der halben Orange, den Preiselbeeren und dem
Weinbrand ab.

Waldfrüchte in Portweincreme

Himbeeren
Heidelbeeren
Zucker

Portwein
Schlagrahm

Man nimmt zu gleichen Teilen Himbeeren und Heidelbeeren.
Die Hälfte der Beeren werden in einer Schüssel mit der Gabel
zerdrückt. Dieses Fruchtmark wird leicht gezuckert und mit
Portwein mariniert. Das so gewonnene Fruchtmus vermengt
man mit Schlagrahm und zieht die verbliebenen ganzen Beeren
darunter. Diese Nachspeise richtet man in Schalen an und streut
oben darauf einige Heidelbeeren.

Gebackenes

Eier, Mehl und Schmalz –
Gott erhalt's!

Küchlein und Kräppel, Krapfen und Pfannkuchen gibt es in ganz Deutschland. Die bayerischen Küachl sind trotzdem etwas Besonderes. Schon ihre vielgestaltigen Formen, die merkwürdigerweise immer wieder anders schmecken und ihre speziellen Liebhaber haben, wären ein eigenes Kapitel wert. Dann kämen aber die typischen Kuchen und Datschi zu kurz, und das wär schade!

Gugelhupf

auch Kugelhupf oder Gogelhupf genannt, ist ein alter bayrischer Sonntags-Nachmittagskuchen, den es vom hintersten Bauernhaus bis hinein in die Großstadt gibt.

500 g Mehl	3–4 oder sogar 6 Eier
30 g Hefe	Salz
180 g Butter	Vanillinzucker
125 g Zucker	100–150 g Rosinen
½ Zitrone	1 Handvoll Mandeln
¼ l Milch	oder Nüsse

Aus Mehl, der aufgelösten Hefe, Butter, Zucker, Saft und Schale der Zitrone, Milch und möglichst vielen Eiern sowie Salz bereitet man einen halbfesten Hefeteig, der sehr gut geschlagen wird, bis er Blasen wirft. Dann gibt man die Rosinen, die Mandeln, nach Belieben noch ein Packerl Vanillinzucker oder etwas Mandelöl dazu und läßt den Teig in einer gut gefetteten Gugelhupfform, die nur dreiviertel vollgefüllt werden darf, noch einmal zugedeckt in der Wärme gehen. Dann bäckt man ihn 45 bis 50 Minuten bei Mittelhitze goldbraun. Man kann den Gugelhupf zuletzt überzuckern oder mit geschmolzener Schokolade oder fertiger Glasur überziehen.

Würziger Hefezopf

1 Pfund Mehl	*½ Kaffeelöffel Anis*
20 g Hefe	*½ Kaffeelöffel Kardamon*
100 g Butter	*Mandelöl*
2–3 Eier	*1 Zitrone*
150 g Zucker	*etwas Milch, Puderzucker*
Salz	*Belegfrüchte oder Zitronat*

Der wie üblich zubereitete Hefeteig, der ziemlich streng sein soll, wird zum Gehen warm gestellt. Dann macht man drei gleiche Teile daraus, rollt sie zu Würsten aus und flicht dann einen lockeren Zopf davon. Die Enden werden unsichtbar unten eingesteckt. Dann bestreicht man den Teig mit Ei und läßt ihn noch einmal in der Wärme gehen. Er wird auf gefettetem Blech goldgelb gebacken. Zuletzt überzieht man den Zopf mit einem Zuckerguß, der mit Zitronensaft gewürzt wurde und steckt bunte Belegkirschen oder Zitronatwürfel hinein.

Großer Osterschneck

Den gleichen Teig wie zum »Würzigen Hefezopf« verknetet man gut und macht dann 2 oder 3 gleiche Teile daraus. Diese werden zu großen Achtern geschlungen, wobei man die Enden gut versteckt. In die beiden Höhlungen setzt man je ein gekochtes, buntes Osterei, läßt den Teig noch einmal gehen und bestreicht ihn mit Eidotter. Dann werden die Schnecken im Rohr goldbraun gebacken. Man setzt sie in ein Nest aus grüner Papierwolle oder in einen Kranz von Frühlingsblumen.

Nuß-Schnecken

Teig:	*75 g Butter*
1 Pfund Mehl	*100 g Zucker*
25 g Hefe	*2 Eier, etwas Milch*
Fülle:	*2 Eßlöffel Zucker*
125 g geriebene Haselnüsse	*½ Tasse dicker Rahm*
1 Eßlöffel Honig	*Mandelöl, Zimt*
1 Eßlöffel zerkleinerte Rosinen	*1 Eidotter*

Aus Mehl, Hefe, Butter, Zucker, Eiern und etwas Milch macht man einen nicht zu weichen, gut durchgearbeiteten Hefeteig. Er wird nach dem Gehen dünn ausgewellt. Dann bestreicht man ihn mit einer Fülle aus geriebenen Haselnüssen, dem weichen Honig, den zerkleinerten Rosinen, Zucker und so viel Rahm, daß die Masse streichfähig ist. Zuletzt fügt man noch etwas Zimt und Mandelöl dazu. Der damit bestrichene Hefeteig wird aufgerollt und in gleichmäßige Stücke von 2 bis 3 cm Länge geschnitten. Man stellt die Schnecken hochkant in eine gut gebutterte Springform, bestreicht die Oberfläche noch mit einem geschlagenen Eidotter, läßt die Schnecken noch kurz gehen und bäckt sie dann 35 bis 40 Minuten bei Mittelhitze goldgelb.

Rosinenstollen (Weihnachtsstollen)

2 Pfund Mehl	*⅛ l Rum*
75 g Hefe	*¼ l Milch*
125 g Mandeln	*300 g Butterschmalz*
60 g Zitronat	*200 g Zucker*
60 g Orangeat	*Anis, Kardamom*
650 g Sultaninen	*Salz*

In das Mehl macht man oben eine Grube und gibt die mit etwas Milch und Zucker aufgelöste Hefe hinein. Wenn das Dampferl gegangen ist, verknetet man den Teig mit der Milch, würzt mit Anis, Kardamom, Salz, nach Belieben auch noch mit etwas Vanillinzucker und Mandelöl und gibt die kleingeschnittenen Mandeln, das Zitronat, das Orangeat, den Rum, das weiche Butterschmalz und den Zucker darunter. Der Teig wird sehr gut durchgeknetet. Erst am Schluß kommen die Sultaninen dazu. Es macht etwas Mühe, sie unterzubringen, aber es geht schon. Der Stollenteig wird nun zu 2 länglichen Stollen geformt, die man rechts und links einschlägt, so daß sie leicht kantig wirken. Sie brauchen jetzt eine gute Stunde, zugedeckt und warm gestellt, damit sie schön gehen können. Dann schiebt man sie etwa 35 Minuten lang bei 200 Grad ins Rohr. Noch warm entfernt man die zu dunkel gewordenen Sultaninen an der Außenschicht, da sie natürlich leicht verbrannt sind und bitter schmecken würden. Jetzt wird der Stollen dick mit warmer Butter bestrichen und fest mit Puderzucker bestäubt. Dies wiederholt man noch 1- bis 2mal, damit der Stollen eine recht dicke Zuckerkruste hat, die ihn lange frisch hält und auch aromatisch macht.

»Faßnacht Krapfen«
(Handschriftliches Rezept von 1864 aus Niederbayern)

Man nimmt 1 Pfund Mundmehl in eine Schüssel, stelle es an einen warmen Ort. Thu 10 Eier und 5 Dötter, 1 Quart süßen Rahm in eine Schüssel. Dann laße ¹/₄ Pfund Butter zergehen, gib es an den Rahm und Eyer, ein wenig Germ und ein Stück Zucker briegelt alles gut ab, mischt den Teig damit an und schlägt ihn so lange, bis er sich vom Kochlöffel schällt. Dann stäubt man Mehl auf ein Brett, gibt den Teig darauf, walzt ihn klein Finger dick aus, und sticht mit einem Weinglas Blätter aus. Gib auf jedes was Eingesottenes und leg wieder ein Blatt darauf und decke es dann mit einem Tuch zu und laße sie gehen, dann backe sie in Schmalz nicht gar zu heiß, aber zudecken muß man sie.

Kleine Topfenkrapfen

100 g Butter	300 g Mehl
50 g Zucker	3–4 Eßlöffel Milch oder Rahm
2 Eier	50 g Rosinen
40 g Hefe	Salz, Vanillinzucker
etwas Milch und Zucker	Backfett
400 g Topfen	

An das gerührte Fett gibt man den Zucker, die Eier, die in etwas Milch und Zucker aufgelöste Hefe, den Topfen, das Mehl, Milch oder Rahm, das Salz und den Vanillinzucker. Der Teig wird geschlagen, bis er Blasen wirft, dann gibt man erst die Rosinen darunter. Man stellt den Teig zum gehen warm und sticht dann mit einem Löffel kleine Nudeln ab, die man sofort ins heiße Fett gibt. Die darin goldbraun gebackenen Krapfen läßt man gut abtropfen. Dann werden sie mit Vanillinzucker oder Zimt-Zucker überstreut und noch warm zum Kaffee aufgetischt.

Oblatenküachl (Stallfenster)

Pfannkuchenteig aus:	*2 Eier*
125 g Mehl	*Salz*
1 Eßlöffel Zucker	*Milch*
große Oblaten	*Backfett*
Marmelade	

Der Pfannkuchenteig soll ziemlich dick sein; das Eiweiß wird dabei zu Schnee geschlagen und untergezogen. Eine viereckig geschnittene Oblate wird ganz dick mit Zwetschgenmus bestrichen, eine zweite Oblate daraufgelegt und leicht angedrückt. Nun taucht man die Ränder dieser doppelten, gefüllten Oblate jeweils etwa ½ bis 1 Zentimeter in den Pfannkuchenteig, so daß ein »Fensterrahmen« entsteht.
Diese »Stallfenster«, wie sie in Niederbayern heißen, werden in heißem Schmalz schwimmend herausgebacken und mit Puderzucker bestreut zu Tisch gegeben.

Auszogne Küachl

1 Pfund Mehl	*100 g Zucker*
20 g Hefe	*Salz*
¼ l Milch	*½ Zitrone*
2 Eier	*Backfett*
50–70 g Butter	*Zucker*

Zuerst löst man die Hefe in etwas Milch auf und läßt sie gehen. Dann bereitet man aus Mehl, der Hefe, Milch, Eiern, Zucker, Butter und Salz sowie etwas Zitronenschale und Zitronensaft einen recht mürben Hefeteig, der gut abgeschlagen wird. Daraus sticht man eigroße Kugeln, die man zugedeckt auf dem bemehlten Brett noch schön gehen läßt. Sie werden dann mit den Fingern leicht drehend so ausgezogen, daß außenherum ein dicker Rand stehenbleibt und die Mitte sehr dünn ist. Nun legt man sie vorsichtig in heißes Fett, damit sie ein schönes hochsteigendes Mittelhäuterl bekommen, das weiß bleibt. Die Küachl werden beiderseits goldgelb gebacken, mit dem Sieblöffel herausgenommen und mit Zucker überstreut.

Bayerische Leberknödel, ▷
Rezept Seite 75

Gefüllte Polsterzipfel

120 g Butter
60 g Zucker
2 Eier
300 g Mehl
1 Teelöffel Backpulver
Salz

etwas geriebene Zitronenschale
2 Eßlöffel Rahm
Marmelade
1 Eiweiß
Backfett
Puderzucker

Aus Butter, Zucker, Eiern, Mehl, Backpulver, Salz, Zitronenschale und Rahm bereitet man einen zarten Teig, der ausgewellt
und zu kleinen Vierecken ausgeradelt wird. Man gibt in jedes
Viereck einen Klecks Marmelade und bestreicht die Ränder mit
Eiweiß. Sie werden schräg zusammengeschlagen. Dann drückt
man die Ränder etwas an und bäckt die Polsterzipfel in heißem
Fett schwimmend goldgelb. Zuletzt werden sie mit Puderzucker
überstreut.

Niederbayerischer Zwetschgenkuchen

200 g Mehl
100–150 g gekochte Kartoffeln
100 g Butter
120 g Zucker
etwas Zimt
2 Eier

2–3 Eßlöffel saure Milch
1 Teelöffel Backpulver
2 Pfund Zwetschgen
einige Löffel Semmelbrösel
Zucker und Zimt

Aus Mehl, den kalten, geriebenen Kartoffeln, Butter, Zucker,
Eiern, den Gewürzen und so viel saurer Milch wie nötig ist, verknetet man rasch einen mürben Teig und belegt damit eine große, gut gefettete Springform. Der Kuchen muß einen Rand bekommen. Dann streut man einige Semmelbrösel mit etwas Zukker und Zimt darauf und legt dicht nebeneinander halbierte
Zwetschgen auf diese Unterlage. Sie werden vorerst schwach gezuckert. Dann wird der Kuchen bei Mittelhitze im Rohr fertig
gebacken und erst jetzt gut mit Zucker und nach Belieben auch
noch mit Zimt überstreut. Der Kartoffelzusatz im Teig schmeckt
besonders gut. Man muß den Kuchen aber frisch aufessen.

◁ *Nürnberger warmer Spargelsalat,*
Rezept Seite 91

Schmalzringe

1 Pfund Mehl	100 g Zucker
20 g Hefe	Salz
¼ l Milch	½ Zitrone
2 Eier	Backfett
50–70 g Butter	Zucker zum Bestreuen
½ Tasse Weinbeerl	

Der gleiche Teig wie zu den »Auszognen Küachln«, wird noch durch Zugabe von Weinbeeren bereichert. Dann wird er zu Nudeln gedreht, deren Form den Fleischpf(l)anzeln ähnlich ist. Man steckt dann den Zeigefinger durch die Mitte und weitet das Loch aus, daß gleichmäßige Ringerl entstehen. Sie werden noch zum Gehen warm gestellt, dann in heißem Fett doppelseitig ausgebacken und zuletzt mit Zimt-Zucker oder Vanillinzucker bestreut.

Kletzenbrot

Da gibt es nun zweierlei Sorten. Das ganz saftige, feinere ohne Teighülle und das alte, richtige Brot, also Schwarzbrot-Teig mit Kletzen und einigen Zwetschgen. Damit jeder auf seinen Geschmack kommt, sollen beide Sorten hier genannt sein.

Einfaches Kletzenbrot

1 Pfund frischer Brotteig	100 g Rosinen
(beim Bäcker zu kaufen)	100 g Weinbeerl
½ Pfund Kletzen	½ Zitrone
½ Pfund Dörrzwetschgen	1–2 Eßlöffel Schnaps
50 g Feigen	etwas Zimt und Nelken
100 g Nüsse	100 g Zucker

Die Dörrfrüchte werden eingeweicht, entsprechend entkernt und kleingeschnitten. Die Nüsse werden grob gehackt, Rosinen und Weinbeerl vorgeweicht. Von der Zitrone nimmt man den Saft und die geriebene Schale. Dann gibt man den Schnaps, den

114

Zucker und gut die Hälfte des Brotteiges dazu. Alles wird sehr gut verknetet und warm gestellt. Dann formt man zwei Laibe daraus und überzieht sie mit dem übrig behaltenen Brotteig. Nach neuerlichem Gehen werden die Laibe mit Wasser bestrichen und bei guter Hitze (200°), je nach Größe, 55 bis 70 Minuten gebacken. Zuletzt bestreicht man sie noch heiß mit verdünntem Honig und garniert sie mit geschälten Mandeln, kleingeschnittenen Zwetschgen und Rosinen.

Feines Kletzenbrot

1–1½ Pfund frischer Brotteig
½ Pfund Dörrzwetschgen
½ Pfund Kletzen
½ Pfund Apfelringe und
Dörraprikosen
½ Pfund Feigen
½ Pfund Rosinen
½ Pfund Zucker

½ Pfund grobgehackte Mandeln
oder Haselnüsse
je 50 g Zitronat und Orangeat
1 Zitrone
1–2 Gläschen Rum
1 Päckchen Lebkuchengewürz
Folie

Der Brotteig wird beim Bäcker gekauft und nicht zu kühl gestellt. Inzwischen werden die Dörrfrüchte kleingeschnitten und mit Rum, Zucker, den Gewürzen und etwas Wasser eingeweicht. Sie sollen recht saftig sein. Dazu gibt man dann die gehackten Nüsse und den Brotteig. Der Teig wird rasch, aber gut verknetet, notfalls noch etwas mit Wasser oder Milch angegossen, er soll aber nicht zu naß sein. Man formt 2 bis 3 runde oder längliche Laibe daraus, die in Alufolie gehüllt werden, damit die Außenkruste beim Backen nicht zu hart und trocken wird. Die Laibe werden ins heiße Rohr geschoben und 50 bis 60 Minuten bei großer Hitze (200°) fertig gebacken. Dann nimmt man sie aus der Folie und überzieht sie nach Belieben mit Zuckerguß oder wickelt sie frisch in Folie ein, damit sie einige Wochen recht saftig bleiben, wenn man sie nicht schon vorher aufgegessen hat, weil sie so gut schmecken.

Magenbrot

750 g Farinzucker
1/4 l Milch
1/4 l Wasser
4–5 Scheiben Feigenkaffee
je 1 Teelöffel Zimt, Nelken,
Piment

10 g geriebene Schokolade
100 g geriebene Mandeln
je 50 g feingewiegtes Orangeat
und Zitronat
750 g Mehl
1 Päckchen Backpulver

In Milch und Wasser löst man den Feigenkaffee auf. Statt Wasser kann man auch 1 bis 2 Tassen schwarzen Kaffee nehmen. Dann verrührt man den Zucker darin und alle angegebenen Gewürze, Schokolade, Orangeat und Zitronat. Dann gibt man das mit Backpulver gemischte Mehl dazu. Alles wird gut vermengt und dann der Teig auf ein gebuttertes Blech etwa 1/2 cm dick gestrichen. Die Backzeit beträgt ungefähr 10 Minuten. Ist das Magenbrot fertig, schneidet man Karos, Rauten oder Würfel heraus.

Lebkuchenfiguren

1·Pfund Mehl
200 g Bienenhonig
225 g Kunsthonig
Wasser

100 g Zucker
je 5 g Zimt, Cardamom, Nelken
15 g Hirschhornsalz
250 g feingewiegtes Orangeat

Zur Verzierung nach Belieben:
Haselnüsse, Weinbeeren, Kirschen

In einer Kasserolle erwärmt man mit ganz wenig Wasser (man kann es auch weglassen) den Honig und den Kunsthonig. Die Masse darf nicht kochen. Dann nimmt man sie vom Feuer und bereitet den Teig, indem man das gesiebte Mehl, die Gewürze und das Triebmittel mit dem zerlassenen Honig verquirlt. Auf dem bemehlten Brett werden dann noch die feingewiegten Orangeatwürfel in den Teig geknetet. Nun walkt man mit dem Nudelholz Teigstücke etwa einen halben Zentimeter dünn aus und schneidet daraus nach beliebigen Schablonen (Pappdeckel) Figuren, die man mit Haselnüssen, geschälten Mandeln, Weinbeeren oder anderen Belegfrüchten verziert. Dann bestreicht man die Figuren mit Wasser (damit sie Glanz kriegen) und bäckt sie auf dem Blech zwanzig Minuten bei 180 Grad. Nach dem Backen werden sie mit leichtem Zuckerguß überzogen.

116

Honigrauten

500 g Mehl	1 Teelöffel Nelken
375 g Honig	1 Packerl Lebkuchengewürz
100 g Zucker	½ Eßlöffel gestoßener Koriander
50 g Butter	½ Eßlöffel Anis
100 g Nüsse	Salz
2 Teelöffel Zimt	10 g Pottasche

An den leicht erwärmten Honig gibt man den Zucker, die weiche
Butter, die gehackten Nüsse, die Gewürze und das Mehl. Alles
wird gut vermengt. Dann löst man die Pottasche, die es in der
Apotheke oder Drogerie gibt, in etwas Wasser oder schwarzem
Kaffee auf und verknetet sie in den Teig. Dieser wird dann halb-
zentimeterdick ausgewellt und mit dem Backradel zu Rauten
ausgeschnitten. Man legt die Rauten auf ein gewachstes Blech
und läßt sie über Nacht in der Küche stehen. Am nächsten Tag
werden sie mit Nüssen garniert und bei Mittelhitze 10 bis 12 Minuten gebacken. Man kann sie auch noch mit etwas Zucker- oder
Schokoladeguß garnieren.

Nürnberger Elisenlebkuchen

3 große Eier	75 g Zitronat
200 g Farinzucker	1 Teelöffel Backpulver
Vanillinzucker	50 g Stärkemehl
etwas Zimt und Nelken	½ Pfund grobgehackte Mandeln
Mandelöl	½ Packerl Vanillepuddingpulver
75 g Orangeat	runde Oblaten

Eier und Zucker werden schaumiggerührt. Daran gibt man die
Gewürze, Mandelöl und das kleingehackte Zitronat sowie
Orangeat, Backpulver, das Puddingpulver mit Stärkemehl gemischt und die gehackten Mandeln. Die Masse wird auf kleine
runde Oblaten gestrichen, wobei man sie am Rand etwas ab-
flacht. Man läßt die Lebkuchen über Nacht bei Zimmertempera-
tur leicht übertrocknen und bäckt sie dann am andern Tag bei
Mittelhitze hell gar. Zuletzt werden sie mit einem weißen, einem
rosa oder einem braunen Zuckerguß oder mit erwärmter Schokolade überzogen und mit geschälten Mandeln, Pinienkernen
oder Buntzucker hübsch garniert.

Dätschekuchen

Im Weinkeller der Winzereigenossenschaft in Hammelburg (Unterfranken) ist jeden Samstag ab 8 Uhr abends »Stehkonvent«. Da versammeln sich die Liebhaber eines guten fränkischen Tropfens vor den riesigen Fässern und probieren den köstlichen Inhalt. Sitzplätze gibt's nicht. Die Gläser werden auf dicke Bretter abgestellt, die an der Vorderseite der Weinfässer entlanglaufen. Allen schmeckt's, die Stimmung ist großartig, ein bißchen laut, denn bald reden die »Kellergeister« mit. Dennoch: etwas fehlt. Gegen neun Uhr schauen schon die ersten auf die Uhr. Lang kann's nicht mehr dauern, dann kommt der Bäcker mit seinen »Dätschekuchen«. Wer's nicht gesehen hat, der glaubt es kaum: Er wird geradezu überfallen. Nach fünf Minuten schon ist der Inhalt des ersten Brotkorbes fest in den Händen der Gäste. Der gute Mann kommt kaum mehr mit dem Geldeinsammeln nach. Warum bloß haben sie's so eilig, die Leut'? Ganz einfach: weil die Dätschkuchen am besten schmecken, wenn sie noch warm sind. Es sind gut handtellergroße, dreieckige Brote, etwa daumendick und es knackt, wenn man reinbeißt. Und leicht nach Salz schmecken sie auch. Ein billiges, knuspriges und passendes Gebäck zum Wein.

Der Hammelburger Bäcker macht diese Brote erst etwa zwei Stunden vor der Auslieferung. Den Teig dazu hat er ja schon. Denn es ist nichts anderes als der übriggebliebene Brotteig der ganzen Woche, egal ob von Schwarzbrot oder Semmeln. Den salzt er noch ein bißchen nach und walkt ihn mit dem Nudelholz pfannkuchengroß und ebenso dick aus. Auch Kümmel gibt er noch dazu. Früher haben die Bäcker den Teig mit der Hand plattgedrückt, also »gedätscht«. Daher kommt der Name. Den rundgewalzten Teig schneidet er im Kreuz durch, so daß vier Dreiecke entstehen. Diese Fleck läßt er dann eine Stunde liegen und noch ein wenig »gehen«. Hernach werden sie im Ofen braungebacken (nicht gewendet) und nach dem Herausnehmen sofort, noch heiß, mit leichtem Salzwasser bepinselt. – Wenn man sich Brotteig besorgt, dann ist's keine Kunst, einmal zu Hause selbst zu »dätschen«.

Fränkischer Zwiebelkuchen

Hefeteig aus:	Prise Salz
375 g Mehl	⅛–¼ l Milch
40 g Hefe	

Belag aus:	
2 Pfund Zwiebeln	2 Eier
50 g Speckwürfel	2–3 Eßlöffel saurer Rahm
25 g Butter	Salz, Kümmel

In Franken nennt man den Zwiebelkuchen »Plootz«. Er wird auf runden Blechen gebacken, die oft einen so großen Durchmesser haben, daß die Hausfrauen den Kuchen zum Bäcker bringen müssen, weil das Backrohr daheim zu klein ist. In Sulzfeld am Main transportieren ihn die Frauen auf dem Kopf, was von Fremden oft als einheimische Huttracht angesehen wird. Bis sie's schmecken! Den »Plootz« kann man selbstverständlich auch auf den im Handel üblichen Backblechen zu Hause backen, bloß verliert er damit seinen Spitznamen und ist »nur« noch ein Zwiebelkuchen.

Den Hefeteig bereitet man ohne Fett und ohne Zucker und nur mit so viel Milch, daß es eine mittelfeste Masse ergibt. Nach dem Gehen wird der Teig bleistiftdick auf ein gut gefettetes Backblech gerollt.

In der Pfanne dünstet man geschnittene Zwiebeln in Speckwürfeln und Butter weich (man kann auch einige Grieben dazutun) und vermischt sie mit den Eiern und dem sauren Rahm. Salz und Kümmel nach Belieben. Damit bestreicht man den Hefeteig gleichmäßig und bäckt den Zwiebelkuchen bei starker Hitze eine halbe Stunde. Er schmeckt besonders gut noch warm zum Federweißen oder Bremser; das ist der noch in Gärung befindliche frische Traubenmost. Zwiebelkuchen schmeckt natürlich auch zu anderem Wein.

Krautnudeln in der Schüssel

½ Pfund Mehl	100 g Butter
2 Eier	1 Zwiebel
⅛ l warmes Wasser	Sauerkraut
Salz, Pfeffer	

Aus Mehl, Eiern, warmem Wasser und Salz bereitet man einen Teig, aus dem man mit der Hand fingergroße Nudeln rollt. Diese werden abgekocht und gleich darauf auf einer Platte mit gekochtem Sauerkraut vermengt (nicht geröstet!). Dann gießt man in Butter gebräunte, gehackte Zwiebeln oder Zwiebelringe darüber.

Drei R...aritäten

Radi
Rumtopf
Rasser Obaazta

Weil sie so gar nicht einzureihen waren in die Rezeptgruppen, sollen sie hier ihr rollendes R spielen lassen und – gut schmecken!

Radibrotzeit

Ein Münchner sitzt im Wirtshaus vor seiner Maß Bier und schneidet sich gerade einen Radi zurecht, salzt ihn fachmännisch, trinkt einen Schluck, läßt den Radi ausweinen und ißt dann Blattl für Blattl. Man siehts (und hörts auch), wie 's ihm schmeckt. Am gleichen Tisch sitzt ein alter Rentner, dem die Augen schon ganz wässrig werden. Man merkt's, auch ihm tät's schmecken. Und weil sich das so g'hört, fragt ihn der Brotzeitmacher: »Herr Nachbar, mögen S' aa a Blattl?«. Da sagt der Rentner: »Recht gern, Herr, aber i hab ja koane Zähn nimmer, i kann nix mehr beißen. Aber lassen S' mir, wenns geht, an Kopperer ummer!« (Für Nichtbayern: Lassen Sie mich wenigstens an einem Rülpser teilhaben).

Ja, das kommt halt vor, daß einem der Radi »aufferstößt«. Aber das ist g'sund und damit zeigt sein Magen an, daß er zwar gerade Schwerarbeit leistet, aber dennoch leicht damit fertig wird. Daher ißt ein gelernter Brotzeitmacher seinen Radi am Vormittag. Bis zum Einschlafen hat dann sein Innenleben Zeit genug, sich damit weiter zu beschäftigen. Wie man einen Radi herrichtet, dafür gibts eigentlich kein gültiges Rezept, dafür um so mehr falsche. Es gibt auch mehrere Radi, nicht bloß einen: Radieserl, Eiszapfen, Ostergruß bis zum dicken, schwarzen Winterrettich.

Alle verlangen nach einer gesonderten Wurzelbehandlung. Salz aber braucht man zu jedem Radi. Vor allem zum Bierradi, diesem Langen, Dicken, den's schon zur Starkbierzeit gibt, also im zeitigen Frühjahr. Aber da kommt er aus dem Treibhaus, kostet mindestens zwei Mark fuchzig das Stück und schmeckt nach nichts. Der Kenner wartet ab, bis sein Radi im eigenen Garten wächst oder er weiß in seinem Revier den Gärtner, »der den besten hat«. Seinen Radi darf man ruhig ins Wirtshaus mitbringen, da ist die Kellnerin nicht so. Sie serviert dem Gast ganz selbstverständlich einen Teller und das Salzhaferl und die Wirtin streicht in der Küch' schon das Butterbrot auf und streut Schnittlauch drüber.

Die Stammtischbrüder rücken näher zusammen. Einer wägt den Radi in der Hand, ob er auch das seiner Größe entsprechende Gewicht hat. Sonst wär' er »hosig« (holzig). Aber bei dem fehlt sich nix. Sonst hätt' ihn ja der Sepp nicht mitgebracht! »Wer hat a guate Schneid?« fragt der Radibesitzer. Vier Taschenmesser klappen auf, der Sepp prüft jedes mit Kennerblick, dann nimmt er das seine. Die anderen waren entweder zu dick oder zu kurz, zu stumpf oder nicht sauber genug. Aber das seine, das ist ein richtiges Radimesserl: die Klinge gleichmäßig dünn und lang genug und sie hat einen festen Holzgriff dran.

Jetzt beginnt der Sepp mit der Wurzelbehandlung. Zuerst macht er oben einen Querschnitt, das heißt, er hebt das Kappl ab, fährt mit der Zunge darüber und registriert, daß er einen »Rassen« (einen sehr scharfen Rettich) erwischt hat. »Aber das treiben wir ihm schon aus«, denkt sich der Sepp und schielt zum Salzhaferl 'nüber.

Ein Feriengast am Nebentisch meint, daß man den Rettich abschälen solle – aber der kriegt gar nicht erst eine Antwort.

Jetzt kommen die Längsschnitte. Von außen der Mitte nach zu. Schnitt für Schnitt, Blattl für Blattl. Nicht zu dünn, weil der Radi einen »Biß« haben muß, aber auch nicht zu dick, sonst heißt es gleich, der Sepp tät Bretter schneiden. Langsam und bedächtig, vor allem aber gleichmäßig, wenn hin und wieder auch ein wenig ruckend, gleitet das Messerl abwärts bis zur Wurzel. Wenn er so ungefähr dreiviertel »durch« ist, schneidet der Sepp von der anderen Seite her. Dazwischen muß er einmal schnupfen. Fertig. Mit dem Daumen fährt der Radischneider oben über die Blattl und es schnalzt wie beim Kartenmischen. Anerkennend nickt die Runde. Und einer sagt, was bei einer solchen Gelegenheit gesagt werden muß: »Wer gut radischneiden kann, kann auch gut tanzen!« Weil er halt ein G'fühl hat. Zwischen die Radiblätter gehört Salz. Das richtige Radisalz ist ein bißchen grobkörniger als das gewöhnliche Speisesalz, aber das haben s' nicht in jedem Wirtshaus. Gesalzen wird »händtisch« (mit den Fingern) oder man reibt die Blätter mit der Messerspitzen ein. Ein scharfer Radi braucht natürlich eine höhere Dosis, damit er sich milde stimmen läßt. Die Operation ist noch nicht zu Ende. Bauch und Buckel müssen noch amputiert werden, das heißt die äußeren Blätter kommen auf beiden Seiten weg. So, jetzt läßt er sich schön flach auf den Teller legen; jetzt kann er sich richtig ausweinen. Schon läuft die erste Träne auf den Teller und den Stammtischbrüdern das Wasser im Mäu zusammen. Lang kann's nicht mehr dauern! Aber es dauert noch lang. Erst nach fünf Minuten Laufzeit ist Halbzeit. Dann wird der Radi auf die andere Seite gelegt. Dazwischen kann man die amputierten Blattl essen, die sind schon durch. Jetzt: der letzte Querschnitt. Er trennt das Schwanzl ab.

»Greifts zua!« sagt der Sepp zu seinen Freunden indem er den Radi in der Mitten teilt wie ein aufgeschlagenes Buch. Grad, daß man ein Buch nicht so schnell lesen kann, wie einen Radi verspeisen. Aber in beiden Fällen nimmt man die Blattl »in d' Händ«!

Rumtopf

Für den Rumtopf gibt es vielerlei Rezepte. Das folgende ist zwar ein feststehendes und trotzdem kann ihn jeder machen, wie er will. So wählt man die Früchte aus, die man besonders liebt oder zu denen man gerade in dieser Saison kommt und überdies auch mehr oder weniger Rum. Die Hauptsache ist nur, daß die Früchte nicht zu gären anfangen, dann ist nämlich der Rumanteil ohne Zweifel zu gering. Natürlich verwendet man nur solche Früchte, die zart und aromatisch sind. Harte, saftlose Äpfel, grüne Stachelbeeren und dergleichen taugen jedenfalls nicht dazu.

Eine 4 bis 5 Liter fassende Flasche mit breitem Hals oder ein Topf mit einem gut schließenden Deckel sind die Vorbedingung. Als Prinzip gilt jeweils: gleich viel Früchte wie Zucker, am besten Puderzucker, der sich schnell löst. Es geht also mit $1/2$ Pfund Erdbeeren und $1/2$ Pfund Puderzucker an. Dazu gießt man zunächst $1/2$ l guten Rum, keinen Verschnitt. Die nächsten Früchte, etwa geschälte Stückerl von Rhabarber, reife Stachelbeeren, halbierte Aprikosen, Viertel von Pfirsichen, Himbeeren, halbe Zwetschgen usw. und immer wieder gleichviel Puderzucker werden laufend dazugegeben. Sollten die Früchte zu viel und die Brühe zu wenig werden, so gießt man wieder ein wenig Rum nach. Die Früchte müssen dabei stets unter der Brühe liegen und man muß den Topf auch häufig sanft umschwenken, denn sonst löst sich der Zucker nicht ganz und die Früchte verteilen sich nicht gleichmäßig. Das ist eigentlich alles und im Herbst, nach den letzten Trauben, steht ein großer Topf voll Köstlichkeiten zur Verfügung, wenn er nicht vorher schon durch allzu häufiges Probieren stark dezimiert wurde.

Rasser Obaazta

Das ist ebenso ein bayrisches Schmankerl wie auch Anlaß, sich in dem fremdartigen Idiom bayrischer Genießer zu üben. Der Ausdruck kommt von Baaz oder Baz und dieser wiederum bezeichnet eine weiche Masse. Ein Baaz ist sowohl Mörtel zum Bauen wie Teigrest in der Schüssel, das, womit Kinder spielen und was die Hausfrau hier aus Käse anmacht. Zum Obaazt'n braucht man:

3 Stück (reifen) Camembert   *Salz, Weißer Pfeffer*
2 Eier   *½ Zwiebel (Knoblauch)*

Der schon gut reife Camembert wird mit der Gabel zerdrückt, wobei man gleich weißen Pfeffer aus der Mühle, die Eier oder nur die Eidotter, die feingehackte Zwiebel, nach Belieben etwas feinzerdrückten Knoblauch und nach Geschmack noch Salz mituntermengt. Der angebazte Käs soll scharf, also raß, sein. Man ißt frische Brezen oder Salzzopferl dazu und löscht den Durst, der sicher kommt, natürlich gehörig, mit Bier!

Haustrunk

Jeder sein eigener Winzer

»Jeder«, das kann man eigentlich nicht sagen. Denn nicht jeder »winzt«. Aber jedermann könnte es. Man braucht nur einen Gärballon mit Verschluß und Trichter. Das übrige Zubehör ist ohnehin im Haushalt vorhanden. Und dann muß man noch in die Apotheke gehen wegen der Reinzuchthefe, den Nährsalztabletten und wegen guter Ratschläge. Apotheker und Drogisten stehen dem Freizeitwinzer meist recht wohlwollend gegenüber. »Wein« darf sich nach dem Gesetz nur der aus Trauben gewonnene vergorene Saft nennen; der aus Garten- oder Waldfrüchten erzeugte Wein braucht jeweils den entsprechenden Vornamen: also Johannisbeer-Wein, Hagebutten-Wein, Apfel-Wein, auch schlicht Most genannt. Das gilt aber nur bei gewerblicher Verwendung. Sie zu Hause dürfen zu Ihrem Selbstvergorenen ruhig Max oder Moritz sagen, aber am g'scheitesten ist's, Sie reden gar nicht mit ihm, sondern genießen ihn nur.
Steckenpferde können manchmal teurer sein als richtige Pferde. Für den, der sich seine Früchte kaufen muß, trifft das auch bei der Hausweinbereitung zu. Aber dafür weiß er, was er hat. Für den Kleingärtner und für Waldbeerensammler steht sich der Haustrunk eigentlich spottbillig. Die Arbeit darf ein Freizeitwinzer natürlich nicht rechnen.
Praktisch könnte man jede Frucht, die Zucker enthält, alkoholisch vergären. Zum Beispiel Gurken, Kartoffeln oder Rüben. Aber das Erzeugnis würde auch danach schmecken. Denn die Aromastoffe und Säuren bleiben im Fruchtwein enthalten; lediglich der Zuckergehalt wird durch die Einwirkung von Hefezellen in Alkohol und Kohlensäure (die entweicht) aufgespalten. Daher die Faustregel: je süßer der Saft, desto (alkohol-)schwerer der Wein.

Fränkischer Zwiebelkuchen, ▷
Rezept Seite 119

Johannisbeerwein (für einen 10-Liter-Ballon)

3 l Saft	*(Südweinart)*
5 l Wasser	*4 Hefenährsalztabletten*
6 Pfund Zucker	*(zerrieben)*
1 Ampulle Reinzuchthefe	

Aus etwa 10 Pfund vollreifen und frischen Johannisbeeren gewinnt man 3 l Saft. Man kann die Früchte zerstampfen und durch ein Tuch pressen oder durch eine Fruchtpresse drehen. Der Saft wird sofort in den Gärballon geschüttet, die Reinzuchthefe und die pulverisierten Nährsalztabletten dazugegeben.

Dann kocht man das Wasser ab und löst den Zucker darin auf. Lauwarm kommt das Zuckerwasser zu dem Johannisbeersaft in den Ballon. Dessen Öffnung wird mit einer Gummikappe und mit dem mit Wasser gefüllten Gärtrichter verschlossen. Der Ballon wird an einen warmen Ort gestellt, der nicht allzustarken Temperaturschwankungen ausgesetzt ist.

Nach ein bis zwei Tagen beginnt der Most im Ballon stark zu gären. Man sieht es deutlich an den emporsteigenden Kohlensäurebläschen. Die Gärung dauert drei bis vier Monate. Ihr Ende erkennt man daran, daß keine Bläschen mehr entweichen, was sich auch durch den Stillstand des Wassers im Gärtrichter anzeigt. Trübstoffe und abgestorbene Hefezellen haben sich am Boden des Ballons abgesetzt und bilden eine deutlich abgegrenzte Schicht zum fertigen, klaren Wein.

Mit einem Schlauch hebt man nun den Johannisbeerwein über dem Bodensatz ab und füllt ihn in ein entsprechend großes Gefäß (kein Metall) um. Dann wird der Ballon sauber ausgewaschen und der Wein wieder eingefüllt. Man verschließt wieder mit Gummikappe und dem wassergefüllten Gärtrichter (eine Vorsichtsmaßnahme, denn es könnte eine Nachgärung eintreten). Nach einem Monat hat sich der Wein endgültig geklärt und man kann ihn über dem sich neu gebildeten Bodensatz abheben und in Flaschen füllen. Die verkorkten Fruchtweinflaschen müssen stehend an einem kühlen Ort aufbewahrt werden, damit die Fruchtsäure den Korken nicht angreifen kann.

So zubereiteter Johannisbeerwein besitzt einen Alkoholgehalt bis zu 13 Prozent (siehe auch Heidelbeerwein!).

◁ *Rasser Obaazta, Rezept Seite 126*

Weißer Johannisbeerwein kann nach dem gleichen Rezept zubereitet werden, jedoch muß man sich dazu in der Apotheke eine Weißwein-Reinzuchthefe besorgen. Außerdem nimmt man 6 l Wasser und nur 4 Pfund Zucker.

Stachelbeerwein (für einen 10-Liter-Ballon)

Tischwein:

5 l Saft	*4 Hefenährsalztabletten*
4 l Wasser	*1 Ampulle Südweinhefe*
3 Pfund Zucker	*1 Antigeliermittel*

Dessertwein:

5 l Saft	*4 Hefenährsalztabletten*
3 l Wasser	*1 Ampulle Weißweinhefe*
6 Pfund Zucker	*1 Antigeliermittel*

Stachelbeeren haben die meisten Pektin- und Schleimstoffe, und der Wein würde sich nur schwer klären, wenn man ihn nicht schon vorher »entschärfen« würde. Das geschieht durch Zugabe eines »Antigeliermittels«, das man beim Kauf der Hefe gleich mitnehmen sollte. Aus etwa 20 Pfund reifen Früchten erhält man 5 l Saft, aber auf einem kleinen Umweg. Die Stachelbeeren werden in einem Gefäß (kein Metall) zerdrückt oder gestampft oder man dreht sie durch den Wolf. In diese Maische gibt man sofort das Antigeliermittel und läßt das Ganze über Nacht stehen. Am nächsten Tag kann man den größten Teil des Saftes abseihen, den Rest der Maische durch ein Tuch pressen. Dann verfährt man wie bei Johannisbeerwein (Seite 129 f.).

Heidelbeerwein (für einen 10-Liter-Ballon)

6 l Saft	*4 Pfund Zucker*
3 l Wasser	*5 Hefenährsalztabletten*
1 Ampulle Reinzuchthefe	*(zerrieben)*
(Südweinart)	*1 Teelöffel Zitronensaft*

Die Saftmenge erhält man durch Abpressen von ca. 18 Pfund frischen Früchten. Die Zubereitung erfolgt wie beim Johannisbeerwein; siehe Seite 129. Allerdings erfordert der Heidelbeerwein eine Nährsalztablette mehr und die Zugabe von einem Teelöffel Zitronensaft. Der Most (der abgepreßte Saft) ist bei dieser Frucht schwer in Gärung zu bringen. Es empfiehlt sich, an den ersten Tagen den Inhalt des Ballons öfter zu schwenken. Das Gärgefäß sollte einen beständig warmen Platz haben.

Die oben angegebenen Zutaten ergeben genau 10 Liter Weinansatz. Die 10-Liter-Ballone fassen meist etwas mehr Inhalt, so daß der Weinansatz in der Regel nur bis zum Halsansatz des Gärgefäßes (oder darunter) reicht. So soll es auch sein. Wer einen Ballon hat, der nur knapp oder ganz genau 10 Liter faßt, sollte ruhig $1/4$ l an Wasser sparen, keinesfalls aber an Zucker oder Saft.

Sollte ein Fruchtwein in den ersten Tagen zu stürmisch gären, daß er Schaum und Trübstoffe hochtreibt und den Gärtrichter zu verstopfen droht, muß man diesen samt Kappe entfernen und statt dessen ein sauberes Leinentuch oder einen Schaumgummifleck über den Ballonhals binden. Sobald sich der Wein beruhigt hat, kommt wieder der Gärtrichter darauf. Dann verfährt man weiter wie bei Johannisbeerwein (Seite 129).

Erdbeerwein
(Maischegärung in einem 12- bis 15-Liter-Ballon)

6 l Fruchtbrei (Maische)	*Saft von 1 Zitrone*
3 l Wasser	*1 Ampulle Südweinhefe*
6 Pfund Zucker	*1 Antigeliermittel*
4 Hefenährsalztabletten	

16 bis 20 Pfund reife Früchte zerstampft man ohne Stiele und Kelche in einem Gefäß zu Brei oder dreht sie durch den Wolf oder gibt sie in eine Küchenmaschine mit Entsafter. Dann füllt man die Maische mit einem Trichter in einen Gärballon, der mehr als 10 Liter fassen kann (am besten 12- oder 15-Liter-Ballon). Aus der oben angegebenen Fruchtmenge wird man etwa 6 l Brei gewinnen. Dieser Maische setzt man im Ballon sofort das Antigeliermittel, die Reinzuchthefe, die pulverisierten Nährsalztabletten und den Zitronensaft zu. Nun schüttelt man den Inhalt gut durch, verschließt den Ballon mit Kappe und Gäraufsatz und läßt alles über Nacht stehen. Erst am nächsten Tag gießt man die Zucker-Wasserlösung (Zucker in abgekochtem Wasser heiß auflösen und erkalten lassen) lauwarm hinzu. Dann wird der Ballon

wieder mit dem Gäraufsatz verschlossen und an einen warmen Ort gestellt. Nach zehn Tagen hat sich der schon sehr stark angegorene Brei derart verflüssigt, daß er sich durch ein Tuch abseihen läßt. Den Rest preßt man ab. Nun kann man den gewonnenen Saft wieder in den alten Ballon zurückfüllen oder man gießt ihn in einen 10-Liter-Ballon, der die Menge jetzt fassen kann, weil die im Tuch verbliebenen Rückstände wegfallen.

Diese etwas umständliche Methode der Maische-Angärung hat den Vorteil, daß man das Optimale an Aromastoffen der Erdbeeren herausbringt. Weitere Bearbeitung siehe Johannisbeerwein (Seite 129).

Weichselwein (Sauerkirschen)
(Ansatz für 10 l Wein im 15-Liter-Ballon)

etwa 20 Pfund Weichseln   *4 Hefenährsalztabletten*
8 Pfund Zucker   *1 Ampulle Südweinhefe*
5 l Wasser

Wein aus Weichseln gewinnt man am zweckmäßigsten durch Auslaugen der Früchte im Gärballon. Damit man später in den Genuß von ungefähr 10 l dieses köstlich schmeckenden Getränkes kommt, braucht man ein Gefäß, das 15 Liter faßt. Man füllt diesen Gärballon bis zur Hälfte mit den nicht entkernten Früchten, löst 4 Pfund Zucker in 3 l abgekochtem Wasser auf und gießt diese Zucker-Wasserlösung handwarm darüber. Gleichzeitig gibt man die Südweinhefe und die zerriebenen Nährsalztabletten dazu. Dann verschließt man den Ballon mit Kappe und Gärtrichter und läßt den Inhalt an einem warmen Ort zum Angären kommen. Nach zwei bis drei Tagen erst gießt man weiter mit einer Zucker-Wasserlösung (4 Pfund Zucker in 2 l Wasser) auf, schwenkt gut durch und verschließt den Ballon wieder mit dem Gäraufsatz. Zunächst tritt eine ziemlich stürmische Gärung ein, wobei die Früchte auf und abtanzen. Das beruhigt sich aber bald wieder. Den Ballon stellt man so, daß krasse Temperaturunterschiede vermieden werden. Das könnte die Gärung ins Stocken bringen. Nach etwa drei Monaten, wenn kaum noch Kohlensäurebläschen im Ballon hochsteigen und das Wasser im Gäraufsatz nur noch gelegentlich ein Glucksen hören läßt, trennt man die Flüssigkeit von den inzwischen ausgelaugten Früchten. Das geschieht am besten durch Abseihen mit einem Leinentuch. Nun aber sollte man den Saft in einen kleineren (10-Liter)-Ballon füllen, diesen wieder mit dem Gäraufsatz verschließen, den Wein zu Ende gären und klären lassen. Die Behandlung von diesem Zeitpunkt an ist wie bei Johannisbeerwein (Seite 129).

Brombeerwein

Er läßt sich genau wie Weichselwein (Seite 132) herstellen. Der Ballon wird bis zur Hälfte mit den Früchten gefüllt, mit denselben Zutaten wie der Weichselwein versehen, später ebenfalls in ein kleineres Gefäß umgefüllt und darin fertigvergoren. Natürlich kann man Brombeeren auch in der Maische vergären (nach dem Rezept für Erdbeerwein) oder als Saft abpressen (siehe Johannisbeerwein und Heidelbeerwein). Wesentlich einfacher aber ist es, die ganzen Früchte im Gärballon auszulaugen. Sehr viele Hausweinbereiter halten das für das beste Rezept.

Hagebuttenwein (für einen 10-Liter-Ballon)

4 Pfund Hagebutten	*Saft einer Zitrone*
8 l Wasser	*4 Hefenährsalztabletten*
6 Pfund Zucker	*1 Ampulle Südweinhefe*

Hagebutten sind die Früchte der Heckenrose. Sie sollen schon ein paar Nachtfröste hinter sich haben, ehe man sie zur Weinbereitung hernimmt.

Man entfernt die Stiele und Kelche der Früchte mit dem Messer und zwar schneidet man vorn und hinten so viel weg, daß man die Körner (von Lausbuben gern als Juckpulver benutzt) sehen kann. Dann werden die Hagebutten in 4 l Wasser weichgekocht. Das Ganze läßt man 24 Stunden stehen. Dann werden die Früchte zerquetscht, und sollen nochmals einige Stunden im Wasser ziehen. Dann wird alles durch ein Tuch geseiht. Der Saft kommt nun in den Gärballon und wird mit der Reinzuchthefe, dem Zitronensaft und den zerstoßenen Nährsalztabletten versetzt. Dann werden 6 Pfund Zucker in 4 l abgekochtem Wasser aufgelöst und lauwarm dazugegossen. Den Ballon verschließt man mit Kappe und Gäraufsatz und läßt den Inhalt einige Monate vergären. Dann weiter wie Johannisbeerwein (Seite 129).

Andere Art

Man kann auch die ganzen, von den Stielen und Kelchen befreiten Hagebutten im Ballon vergären. Hier gilt die Faustregel: Auf ein Liter Früchte kommen 1 Liter Wasser und 1 Pfund Zukker, Hefe, Nährsalz und Zitronensaft verwendet man wie oben. Gegen Ende der Gärung seiht man den Saft ab, entfernt die Früchte und gießt den fast fertigen Wein zur endgültigen Vergärung und Klärung in den Ballon zurück (oder in einen kleineren um). Die weitere Behandlung ist wie bei Johannisbeerwein.

Hollersekt

Gut schmecken tut er schon, aber rechtzeitig zubereitet muß er werden. Dann, wenn der Holler am reichsten blüht. Auch braucht man dazu dicke Sektflaschen, denn in gewöhnlichen Flaschen ist der Druck der sich entwickelnden Kohlensäure zu stark und die Flaschen zerspringen. Schade dann um dieses köstliche »hupfate Wasser«, wie man in Bayern früher Sekt nannte, als er noch Festgetränk war.

6 große Hollerblüten   *2 Pfund Zucker*
6 l Wasser   *¼ l Essig*
6 Zitronen

Die Zitronen werden in Scheiben geschnitten und die Blüten von den Stielen abgezupft. Dann gibt man Wasser, Zucker und Essig darüber und rührt um, damit sich der Zucker löst. Nach etwa 2 Tagen gießt man die Flüssigkeit durch ein Haarsieb oder ein Tuch und füllt sie in Sekt- oder in Patentflaschen.
Die Flaschen werden dann stehend und kühl aufbewahrt, damit die Entwicklung der so angenehm prickelnden und an Sekt erinnernden Perlen nicht zu plötzlich und stark eintritt. Nochmals: zu dünne Flaschen platzen, zu wenig gesicherte Stopsel werden herausgedrückt! Gut kühlen und in Sektgläsern servieren.

Hochzeit vom Kaspar Fichtner
beim Hofwirt
in Birnbach den 27. April 1864

I

Schoberlsupp und gebackne Leberknödel,
Bratwürst
Lüngerl mit kleinen Butterkrapfl
Spanferkl mit Senft
Rindfleisch mit eingesottenen Gurken
Kalbsbraten mit Brunnkress Salat

II

Alte Hühner mit Nudelsuppe
Rindfleisch auf Wildpret Art
Schweins Braten mit Ranner
Schedo Melonen
Gebacken Lamm mit Hauptsalat
Gefülltes Bisquit, Torten

III

Bratknödel mit Supp
Kalbsschlegel mit Rahmsoss
Butterbögen
Kalbsbraten mit sauern Zwetschgen
Sulz
Brodmus
Mandel Buding

»Schwere« Kriegszeiten

1866 führt Preußen gegen Bayern Krieg. Aber an der Heimatfront spürte man nichts davon. Der Kirchenwirt von Neuhofen in Niederbayern schrieb damals ins Tagebuch:

> »Auf Kirchweih 1866 haben wir gebraucht
> 2 Rindviech, 5 Kalb, 5 schwere Frischling,
> 24 Gäns, 16 Enten, 80 Hendl.
>
> Brod Sonntag 15 Gulden, Montag 15 Gulden
> eingenommen 650 Gulden.«

Die Pfarrei Neuhofen dürfte damals an die 200 »Seelen« gezählt haben.

Bayrisch für Nichtbayern

Ein Versuch, altes Sprachgut zu übersetzen

baaht: gebäht, geröstet
Brandschmalz: der saure Rückstand
  vom Auskochen der Butter
Brat (Braad): gewürzte Wurstroh-
  masse. Bratwürste sind also eigentlich mit Brat gefüllte Würste
brettleben (brettl eben): flach
Bries: Kalbsmilch, Bröschen
bröckerlweise: ungleich zerkleinert
Butterschmalz: ausgekochte Butter

Dampfel: Hefeansatz
Datschi: flacher (gedätschter) Kuchen

Einbrenne: braune Schwitze
Erdäpfel: Kartoffeln

Farinzucker: brauner Zucker
fieseln: abnagen
Fotz: Mund, Maul
Frischling: Jungwildschwein

Gansjung: Gänseklein, Gänsesauer
G'röste: Bratkartoffeln
Gruserlgelb: leuchtend gelb
g'schleckig: schleckerhaft, verwöhnt
G'selchtes: Rauchfleisch

Hirgstmilli: vergorene Herbstmilch
Hoiba: Heidelbeeren
Holler: Holunder

Kasserolle: Brattopf
Kitzl: Zicklein
Kletzen: Dörrbirnen
Kren: Meerrettich
Kuttelfleck: Gekochter, aufge-
   schnittener Rindsmagen

Lauch: Porree

Maroni: Edelkastanien
Mehlpomade: gekochte Mischung
   aus Wasser, Butter und Mehl

Nagerl: Nelkenköpfe (Gewürz)
Nockerl: von Gnocchi, ovale Klößchen

Ochsenaugen: Spiegeleier
Obaazta: (nasal auszusprechen)
   kommt von Baatz, Teig; also eine
   zusammengerührte, pikante Kä-
   semischung.

Panadlsuppe: Brotsuppe
passieren: durch ein Sieb geben
Pfannkuchen: Eierkuchen
Pfanzl: Küchel (das Wort kommt
   von Pfannenzelten, also nicht von
   Pflanze)
Pfund: 1/2 kg oder 500 g
Pomeranze: Citrusfrucht, in Bayern
   Orange
Porree: Lauch

Ramerl: Backkrusteln
rass: scharf
Rasse Nagerl: Nelken
Reherl: Pfifferlinge
Reine: Bratpfanne
rösch: knusprig

Scherrer: Backschaufel
Schlegel: Keule
Schlout: Schlot, Kamin
schupfen: hin und her rollen
Schwammerl: Pilze, meist Steinpilze
Seiher: Sieb (seihen, sieben)
Selch: Räucherkammer
Spanfakl: Spanferkel/Saugferkel
staad: still
Stamperl: Schnapsglas
Sulz: Sülze, Aspik
Surfaßl: Behälter zum Pökeln
Surfleisch: Pökelfleisch

Tiegel: niederer Topf
Topfen: Quark

Voressen: Ragout aus Kutteln
  (Rindsmagen)

Wagger oder Wakker: auflaufartige
  Mehlspeise
Wammerl: Schweinebauch (Well-
  fleisch)

Zelten: flaches Backwerk (Lebzel-
  ten), Lebkuchen
Zuber: Holzschaff, -bottich

Register